KB169192

선조

선조

祖先

易 中 天 中 國 史

이중톈 중국사 01

이중톈 지음 | **김택규** 옮김

글항아리

모닥불이 타오르고 어둠이 내렸을 때
제단 위에 올라온 것은 생사의 비밀을 손에 쥔
개구리 여신이었다.

광란의 연회가 끝난 뒤, 부계씨족의 해가
솟아오를 시간이 조용히 다가왔다.

인간은 본래 성적인 존재다.
이브는 검치호를 타고 조용한 동산을 거닐며 신과의 공모를 완수했다.

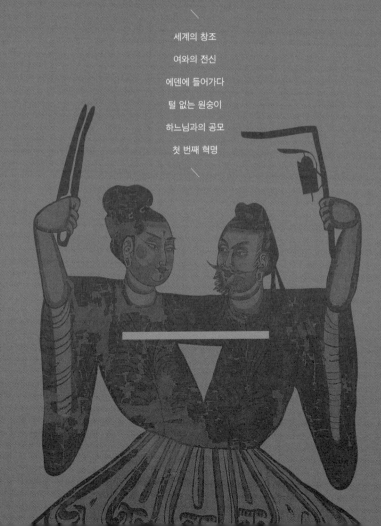

세계의
창조

꿈에서 놀라 깨어난 여와女媧는 인류를 창조하기 시작했다.

아침인지 저물녘인지는 확실치 않았다. 하늘가의 핏빛으로 물든 구름 속에는 사방으로 빛을 발하는 태양이 있었다. 그것은 마치 어른거리는 금빛 공이 태곳적 용암 속에 감싸여 있는 것 같았다. 다른 한 쪽에는 무쇠처럼 희고 차가운 달이 있었다. 그리고 둘 사이에는 반짝이는 별이 어디서 왔는지 모를 구름과 나란히 떠 있었다.

여와는 하늘에 무엇이 뜨고 지는지에는 관심이 없었다.[1]

그녀는 한 마리 큰 개구리였다.

이게 무슨 소리일까? 여와는 뱀이 아니었던가? 『산해경山海經』에서도, 화상석畫像石에서도 여와는 복희伏羲처럼 인간의 머리에 뱀의 몸을 가진 존재였다. 더구나 둘의 꼬리는 서로 칭칭 감겨, 혈통을 잇는 행위를 암시하는 게 분명했다.

010

---

[1] 여와가 인류를 창조하는 장면의 묘사는 루쉰魯迅의 「여와가 하늘을 고치다女媧補天」에 나온다. 그 원문은 "분홍색 하늘에는 수많은 녹색 구름이 흘러가고 있었고 그 뒤에서는 별이 반짝반짝 눈을 깜박였다. 하늘 끝의 핏빛 구름 속에서 사방으로 빛을 발하는 태양은 마치 고대의 용암 속에서 꿈틀거리는 황금색 공 같았다. 그리고 다른 쪽에는 쇠붙이처럼 차갑고 하얀 달이 있었다. 그러나 여와는 무엇이 떠오르고 무엇이 지는지는 관심이 없었다"이다.

표면적으로는 이쪽이 옳다. 뱀은 용으로 변할 수 있지만 개구리는 그러지 못하기 때문이다. 만약 여와가 개구리라면 중국인은 '용의 후손'이 아니라 '개구리의 후손'이 돼버리지 않는가.

하지만 그녀는 본래 개구리였다.[2]

나중에 뱀으로 변한 것은 사람들이 은밀히 조작한 결과다. 그 시점은 늦어도 한漢나라를 넘지 않았다.

후한後漢 무량武梁 석실의 그림. 여와의 이름은 『초사楚辭』「천문天問」에서 가장 먼저 나타나지만 뱀이나 개구리라고는 하지 않는다. '인간의 머리, 뱀의 몸人頭蛇身'이라는 기록은 후한 시대 왕일王逸의 「초사장구楚辭章句」에 처음 보인다. 그리고 구체적인 형상은 후한의 화상석에서 최초로 표현되었다. 따라서 여와가 뱀이라는 것은 한대의 관점일 뿐이지 원시시대의 증거 자료는 없다.

여와의 '와媧'는 오늘날 개구리 '와蛙' 자와 똑같이 '와'라고 읽지만 옛날 사람들은 '과呱'라고 읽었다. 이것은 개구리 울음소리와 일치한다. 따라서 '와媧'는 '와蛙'이며 '여와女媧'는 바로 '여와女蛙', 즉 암컷 개구리임을 알 수 있다. 다만 위대하고 신성하며 생명을 창조하는 개구리다. 이런 신성한 개구리의 이름에 당연히 보통의 개구리를 뜻하는 '와蛙' 자를 쓸 수는 없었다. 그래서 따로 글자를 하나 만든 것이다. 아직까

---

2 여와가 개구리였다는 학설은 자오궈화趙國華 선생의 영향을 받았다. 나는 1988년 자오 선생의 『생식숭배문화론生殖崇拜文化論』을 읽고서 여와가 '뱀 누이동생'이 아니라 '개구리 여신'이라는 것을 확신했다.

지 이 글자의 갑골문이나 금문金文은 발견되지 않았지만 남태평양 파
푸아뉴기니의 개구리 인간 그림에서 희미하게나마 옛날 그녀의 모습
을 확인할 수 있다.

남태평양 파푸아뉴기니의 빈랑나무 껍질에 그려진 물고기·새·개구리가
합쳐진 모양의 인물 그림. 이 그림 속의 형상은 모두 생식숭배의 상징이
다. 그중에서 물고기, 개구리, 꽃은 여성생식숭배를, 새는 남성생식숭배
를 상징한다. 이 책 뒷부분 참고. 이 그림의 중심을 이루는 형상은 개구
리 인간으로서 '남태평양의 여와'라고 할 만하다.

여기에는 뱀의 흔적이 털끝만큼도 보이지 않는다.

반대로 여와가 개구리였다는 것은 고대 이집트의 호루스가 매였다
는 것과 마찬가지로 전혀 의심의 여지가 없다. 더구나 개구리야말로
인간을 만들 수 있는 존재다. 용과 뱀은 불가능하다.

그런데 여와의 인류 창조는 기독교의 하느님과는 달랐다.[3]

하느님의 인류 창조는 단 한 차례에 그쳤다. 세계 창조의 마지막
날, 하느님은 진흙으로 아담을 만들고 아담의 갈비뼈로 이브를 만든
뒤, 그들을 에덴동산에 데려다놓는 것으로 모든 일을 마쳤다. 그러
고서는 휴식에 들어갔다. 아담과 이브가 경고를 안 듣고 뱀의 유혹에 **012**

---

3 하느님의 인류 창조는 「성경」의 창세기를 참조.

빠져 금단의 열매를 훔쳐 먹고서 원죄를 저지르는 데도 관여하지 않았다.

확실히 하느님의 인류 창조는 매우 수월했다. 심지어 성의 없어 보이기까지 했다.

반대로 여와는 훨씬 힘들었다. 처음에는 황토와 진흙으로 남녀 구분 없이 하나씩 인간을 만들었고, 나중에는 힘에 부친 나머지 덩굴에 진흙물을 묻혀 마구 흔들었다. 그렇게 사방으로 흩뿌려진 진흙물이 무수한 인간으로 변했다. 그런데 이렇게 대량생산을 하는데도 쉴 시간이 없자, 그녀는 신에게 결혼 중매인의 역할을 달라고 하여 남녀를 짝지어주고 알아서 수를 늘리게 했다. 그런데 이렇게 영광스러운 은퇴를 하고 난 뒤에도 그녀의 일은 끝나지 않았다. 어느 해인가 그녀의 자손 중에서 공공共工이라는 자가 성질을 못 참고 하늘을 떠받치는 기둥인 부주산不周山을 들이받았다. 그 바람에 하늘이 무너지고 땅이 갈라져 극심한 재난이 닥쳤다. 어쩔 수 없이 이번에도 여와가 나서야 했다. 그녀는 돌을 녹여 하늘의 구멍을 메우고 큰 거북의 다리를 잘라 새로운 기둥으로 삼았다. 그제야 세상은 정상으로 돌아왔고 인간들도 평안을 되찾았다.

참으로 이상한 일이다. 여와는 왜 쉴 틈도 없이 온갖 일에 다 관여했을까?

013　　이유는 간단하다. 여와는 조물주, 즉 창세신創世神이 아니기 때문이

다. 창세신은 그저 세상의 서막을 열고 한 쌍의 남녀를 만들면 그만이다. 그 뒤로는 피조물이 다 알아서 하게 내버려둔다. 안타깝게도 여와는 그렇지 않았다. 인간을 제외하고는 세상의 어떤 사물도 그녀가 창조하지 않았고 중매인 노릇조차 다른 신의 허락을 받아야 했던 것이다. 그러므로 『초사』「천문」에서 "여와가 몸이 있다면 그녀는 누가 만든 것일까?"[4]라고 한 것은 일리 있는 질문이다.

마침 좋은 질문이 나왔다. 여와는 누가 만든 것이냐는 의문은 사실 아래의 두 가지 의문과 연결된다.

세계는 누가 창조했을까?

궁극적인 창조자는 누구일까?

죄송하지만 뭐라고 할 말이 없다. 왜냐하면 중국인에게는 창세신이 없기 때문이다. 반고盤古는 본래 존재했던 천지를 나눴을 뿐이며 혼돈混沌은 곧 분화되었다. 그들은 다 창조자가 아니다. 진정한 창조자는 '도道'나 '역易'이다. 도는 하느님처럼 형상이 없긴 하지만 애석하게도 직접 나서지 않으므로 역시 신이 아니다. 『주역周易』의 '역'은 더더욱 '신격神格'이 없다.

요컨대 궁극적인 창조자의 자리는 비어 있다.

궁극적인 창조자가 없거나 궁극적인 것에 신격이 없는 것은 중국 문명의 큰 특징 중 하나다. 이것이 중국사 3700년에 끼친 영향과, 이로 인한 성패와 득실은 앞으로 천천히 풀어가야 할 주제다. 다만 지 **014**

---

4 『초사』「천문」: "女媧有體, 孰制匠之?"

금 확인할 수 있는 것은 세계 신화의 계보에서 여와는 최초의 신도, 심지어 최초의 여성도 아니라는 사실이다.

최초의 여성은 누구일까?

바로 이브다.

여와의
전신

이브는 여와의 전신前身이다.

여와에게 전신이 있다는 말인가? 있다. 왜냐하면 그녀는 어머니이 거나 모신母神이기 때문이다. 그녀가 인류를 창조하고, 중매를 하고, 하늘의 구멍을 메운 것은 모두 어머니의 위대함과 자애로움을 의미 한다. 우리는 그녀가 몇 명을 창조했고, 또 얼마나 오랜 기간 동안 창 조했는지 모른다. 먼저 남자를 창조했는지, 여자를 창조했는지도 모 른다. 이런 문제들은 대답할 사람도, 주목하는 사람도 없다. 어머니 에게는 아들을 낳든 딸을 낳든, 아들이 먼저든 딸이 먼저든 다 똑같 다. 어쨌든 첫째 애를 갖고 나면 둘째 애를 갖기 마련이며 그저 낳으 면 그뿐이다. 이러니 누가 그런 문제에 관심을 갖겠는가?

사람은 먼저 소녀가 되고 나서 어머니가 된다.

따라서 여와에게는 반드시 전신이 있다. **016**

하지만 왜 하필 이브일까? 둘 사이에 관련이라도 있는 걸까?

관련이 있다. 둘 사이에는 정신적인 공통점이 있다. 사실 인간은 자신의 세계에서 처음 눈을 뜰 때부터 커다란 물음표가 머리 위에 걸린다. 나는 누구인가? 나는 어디에서 왔고 어디로 가야 하는가? 이것은 반드시 해결해야 할 의문이다. 지구상에서 유일하게 자의식을 지닌 종으로서 인류는 이 의문에 답해야만 위로와 안정을 얻을 수 있다. 그렇지 않으면 불안감을 떨치지 못한다.

그 답을 우리는 '정체성identity'이라고 부른다.

정체성은 영원한 이야깃거리다. 그것은 현실로, 역사로 표현되기도 하고, 신화로 표현되기도 한다. 사실 세계의 각 민족이 저마다 문화유산으로 간직해온 신화와 전설은 절대 우연의 산물이 아니다. 인류가 그것들을 창조한 것은, 신과 신화적 인물의 힘을 빌려 유래를 밝히고 역사를 기록하며 문제에 답하기 위해서였다. 그런 이력과 기록은 불안을 없애주고 충동을 만족시켜주며 정체성의 확인을 가능하게 해준다.

그런 확인으로 인해 나는 비로소 나이며, 우리는 비로소 우리다.

창세신화는 이렇게 자연발생적으로 탄생했다. 따라서 그것은 결코 길거리에 떠돌던 우스갯소리 같은 것이 아니라 민족의 신념과 믿음이다. 이런 신화는 중국 민족에게도 틀림없이 있었을 것이다. 단지 전해지지 않을 뿐이다. 아니면 의도적으로 제거되었을 수도 있다. 대대적으로 수술을 받은 여와의 경우처럼.

그러므로 우회적으로 접근할 수밖에 없을 듯하다.

다행히 인류에게는 공통된 속성이 있다. 특히 원시시대에는 세계 각 민족의 사고방식과 방법이 대단히 유사했다. 거의 모든 창세신화가 놀라울 정도로 비슷한 틀을 따른다. 예를 들어 중국과 서양의 신화는 공히 세계에는 본래 인간이 없었으며 인간은 창조되었다는 인식이 있다. 또 인간을 만든 재료가 진흙이고 창조자가 신이라는 점도 같다.

신화는 세계적 범위의 집단 몽상이다.

이것은 민족끼리 자원을 공유한다.

예를 들어 이브는 세계 최초의 여성으로 간주된다.

그런데 이브에게도 골치 아픈 문제가 하나 있다. 그 문제는 바로 그녀가 세계 최초의 여성이지 최초의 인간은 아니라는 점에 있다. 최초의 인간은 아담이며 이브는 아담의 갈비뼈로 창조되었다. 여성과 남성의 갈비뼈가 무슨 관계가 있을까? 하느님의 창조물인 이브는 왜 하느님에게 반항하려 했을까? 또 아담의 갈비뼈인 그녀는 왜 아담을 유혹하려 했을까? 아담의 갈비뼈가 아담을 유혹했으면 자기가 자기를 유혹한 셈이 아닌가?

이것은 일종의 '다빈치코드'다.

풀어야 할 코드가 계속 나온다. 앞에서 본 여와의 내력만 불분명한 줄 알았는데 이제 보니 이브도 이력이 확실치 않다. 우리는 의외로 두 여자 사이에 어떤 신비한 관계가 있음을 확신할 수 있다. 더구나 그녀들이 맡은 문화적 역할도 일맥상통하는 점이 있다.

따라서 이 문제를 조사해 해결해야 할 듯하다.

사실 그건 별로 어렵지 않다. 답은 멀리 있는 듯하지만 실은 아주 가까운 곳에 있다. 관건은 우리가 사건의 현장, 그러니까 에덴동산에 실제로 들어갈 수 있느냐 없느냐에 달려 있다.

수수께끼의 답은 아마도 그 동산의 어떤 동굴 속에 숨겨져 있을 것이다.

에덴에
들어가다

에덴은 동방에 있었다. 어떤 사람은 그곳이 중국 신장성新疆省 허톈和田이라고 말한다. 허톈의 옛날 이름은 위톈于闐이다. 얼핏 들으면 에덴과 발음이 비슷한 것도 같지만 정말 같은 곳인지는 불확실하다. 그리고 허톈에는 거대한 무화과나무가 있다고 한다. 아담과 이브가 몸을 가렸던 잎은 바로 그 나무에서 딴 것이 아닐까?

　물론 이건 그냥 흘려들어도 무방한 의견이다. 사실 에덴동산은 공간적인 개념일 수도 있고 시간적인 개념으로 볼 수도 있다. 누군가는 세계에 무슨 '에덴동산 지역' 같은 건 없어도 '에덴동산 시대'는 있었을지 모른다고 말한다.

　그러면 그것은 어떤 시대였을까?

　지성이 처음 싹튼 시대다.

　인류 문명의 지표는 국가의 탄생이며 인류사회의 발전은 길고 복잡 **020**

한 과정을 거쳤다. 간단히 말해, 약하고 흩어져 있던 소규모 종족들이 이주·병합·확장 등을 통해 '점點'에서 시작해서 '면面'으로, '편片'으로, '권圈'으로, '국國'으로 연이어 발전했다. '국'은 바로 국가를 뜻한다. 국가 전에는 부락연맹이 있었으며 이것이 '권'이다. '권' 이전에 있었던 부락은 '편'이고, '편' 이전에 있었던 씨족은 '면'이며, '면' 이전에 있었던 원시공동체는 '점'이다. 이런 유형들은 조직 형식과 사회 형태이면서 역사적 단계이기도 했으므로 각각 신화, 전설 속의 대표 인물들을 갖고 있다. 예를 들어 국가의 탄생을 대표하는 인물은 하夏의 계啓이며 부락연맹을 대표하는 인물은 요堯와 순舜이다. 그리고 부락을 대표하는 인물은 염제炎帝와 황제黃帝, 부계씨족과 모계씨족을 대표하는 인물은 각각 복희와 여와다.

그러면 원시공동체를 대표하는 인물은 누구일까?

이브다. 역시 이브일 수밖에 없다.

영 시원치 않은 선택이지만 어쩔 도리가 없다. 문화적 기호는 내적인 의미를 갖고 그 안에 코드가 있어야 한다. 여와의 인류 창조는, 진흙을 손으로 빚었든 덩굴에 묻혀 흔들었든 간에 내적 의미와 코드를 갖고 있을까? 없다. 심지어 성별조차 없다. 여와가 만든 인간은 에덴동산에 머문 적이 없어서 우리에게 가이드나 정보원이 되어줄 수도 없다.

그런데 이브는 그 자체로 미스터리다.

예를 들어 하느님은 이브를 만들면서 왜 또 진흙을 쓰지 않고 아담의 몸에서 갈비뼈를 취했을까? 누구는 '남자의 반은 여자'임을 나타내기 위해서였다고 한다. 좋다. 그렇다고 치자. 그러면 왜 먼저 이브를 만들고 이브의 갈비뼈로 아담을 만들지 않았을까? 여자의 반도 남자인데 말이다!

이런 식으로 문제를 제기하면 답을 얻기 힘들다. 정확한 방법은 거꾸로 추리하는 것이다.

어떻게 거꾸로 추리할까? 먼저 결과에 주목해보자.

하느님의 인류 창조의 결과는 어땠을까? 이브가 에덴동산에서 반기를 들고 말썽을 일으켰다. 뱀에게 유혹을 받은 이도, 몰래 금단의 열매를 먹은 이도, 아담을 종용해 원죄를 짓게 한 이도 그녀였다. 이 점은 전혀 이상할 것이 없다. 이브는 에덴동산에서 원래 다른 성性, 다른 부류였으니까. 아담이 먼저, 그녀는 나중에 만들어졌고 아담은 진흙으로, 그녀는 갈비뼈로 만들어졌다. 또 아담은 남자이고 그녀는 여자였다. 이브와 아담은 시간적으로, 질적으로 다르고 성별도 달랐다. 말썽을 일으키지 않았으면 오히려 이상했을 것이다.

여기에서 의문이 생긴다.

하느님은 왜 쓸데없이 그런 여우 같은 여자를 만들었을까? 설마 전지전능한 주님이 그 여자가 언제든 에덴동산을 발칵 뒤집어엎으리라는 것을 모르지는 않았을 텐데 말이다.

　그리고 이브를 유혹한 그 뱀은 또 어디서 온 걸까? 만약 하느님이 만든 것이라면 악을 창조한 것이나 마찬가지다. 그게 아니고 다른 곳에서 숨어들어온 것이라면 악을 용인한 것이나 매한가지다. 창조한 것이든 용인한 것이든 하느님은 결코 완전히 선한 존재가 아니다. 뱀의 잠입을 몰랐다면 전지적인 존재도 아니며, 알면서도 막을 수 없었다면 전능한 존재도 아니다. 전지적이지도, 전능하지도, 또 완전히 선하지도 않다면 하느님은 어떻게 신일 수 있을까?[5]

　이런 종류의 의문들은 이루 헤아릴 수 없을 만큼 많다. 하지만 어쨌든 확실한 것은 아담과 이브가 지혜의 열매를 먹고 지혜를 얻자마자 혼비백산했다는 사실이다. 그들의 첫 번째 반응은 무화과 잎으로 인류 최초의 팬티를 발명한 것이었다.

　무엇 때문에 그들은 어쩔 줄 몰라 했을까? 벌거벗은 몸 때문이었을까?

　바로 그렇다. 비밀은 여기에 있다.

---

5 에덴동산 이야기는 실로 미스터리 중의 미스터리다. 이 미스터리의 배후에는 하느님의 고심이 숨어 있어서 해결을 하려면 인류의 탁월한 지혜가 필요하다. 어쩔 수 없이 따로 책을 써서 논의해야 할 듯하다. 그 책의 제목은 아마 『하느님의 음모』가 될 것이다.

털 없는
원숭이

아담과 이브가 무화과 잎을 딴 그 순간은 곧 전 인류의 '태초의 순간'
에 해당된다.

태양은 여느 때처럼 따뜻했다. 바람이 숲 사이로 불고, 꽃들은 외
롭거나 부산을 떨며 피어 있고, 물고기들은 말이 없었다. 검치호劍齒虎
(일명 마카이로두스. 빙하시대까지 살았던, 송곳니가 18~20센티미터에 달하는 호랑
이)가 어슬렁거리자 예전처럼 풀숲의 꿩들이 놀라 퍼드덕거렸다. 아무
것도 변한 것이 없었다. 변한 것은 인간뿐이었다.

그렇다. 인류는 여느 동물과는 달랐다. 새는 깃털이, 들짐승은 털
이, 물고기는 비늘이, 거북이는 등껍질이 있다. 거의 모든 동물이 본
래 '의관'을 갖추고 있다. 오직 인간만이 머리와 음부와 겨드랑이를 빼
고는 기본적으로 알몸이다. 영국의 동물학자 데즈먼드 모리스가 인
류를 '털 없는 원숭이'라고 부른 것도 당연하다. 이런 원숭이는 확실 **024**

히 독보적이다.

실제로 인류는 여느 영장목 동물과는 달리 털이 없다. 영장목은 원숭이, 유인원, 인간으로 나뉜다. 유인원이 원숭이와 다른 점은 꼬리가 없는 것이며 인간이 유인원과 다른 점은 털이 없는 것이다. 털과 꼬리가 없고 피하지방이 있는 것은 190여 종에 이르는 영장목 동물 가운데 인간이 유일한다.

현존하는 4200종의 포유류 중에서 다른 '털 없는 친구'를 찾아봐도 숫자가 많지 않다. 그것들은 무소나 코끼리 같은 소수의 거대한 덩치, 두더지나 아르마딜로 같은 땅 파기의 고수, 하마나 돌고래 같은 물속의 건아 정도다. 더구나 이런 털 없는 동물들의 생존 환경과 생존 방식은 인류와는 매우 다르다.

사실 꼬리는 있어도 괜찮다. 영화 「아바타」에 나오는 판도라 행성의 나비족만 해도 꼬리가 있지 않은가. 하지만 모든 유인원, 즉 고릴라, 긴팔원숭이, 침팬지 등은 꼬리가 없고 협낭夾囊(다람쥐, 원숭이 등의 볼 안에 있는 먹이 주머니)도 없다. 그런데 인간은, 나비족이나 ET 같은 외계인까지 모두 털이 없다. 물론 지구인의 상상이긴 하지만 천재적인 감독 제임스 캐머런은 외계인에게 차라리 꼬리를 붙여줄지언정 털이 나게 하지는 않았다. 그만큼 벌거벗은 몸이 중요하게 보였던 것이다.

025 여기에는 정당하고 설득력 있는 이유가 필요하다.

과학계에는 여러 가설이 있다.[6] 비교적 믿을 만한 견해는 우리가 과거에 바다에서 살았다는 것이다. 다시 말해, 숲의 유인원이 평지의 유인원으로 변하기 전에 먼저 바다 유인원이 되었다는 것이다. 이 견해를 따르면 왜 인류가 고래와 돌고래처럼 털이 없고 피하지방이 있는지, 또 왜 인류는 물속에서 능숙하게 헤엄칠 수 있는데 침팬지는 그러지 못하는지 설명이 가능하다. 우리의 유선형 체형과 직립보행의 자세 역시 합리적으로 해명이 된다.

그러나 이 가설은 아직까지 고고학적으로 증명되지 못했다. 화석이 없고 전체가 다 추정이다. 모리스는, 인류가 털 있는 원숭이에서 털 없는 원숭이로 변한 것은 스트립걸이 되기 위해서라기보다는 뛰어난 운동선수가 되기 위해서였다고 설명한다. 즉, 효과적으로 맹수들과 싸우기 위해 과도한 신체적 활동을 했을 때 빨리 체온을 떨어뜨리기 위해서였다는 것이다. 그러려면 피부를 노출시키고 땀샘을 늘려야만 했다.

물론 이것은 대단히 역사유물론적인 논리다. 그렇다면 사냥하는 사자와 호랑이부터 도망치는 운명인 토끼와 쥐까지 모두 똑같이 생존경쟁에 직면한 동물들인데 왜 유독 인류만 털이 없어졌을까? 단지 인류가 본래 숲에서 생활하다가 들판으로 온 이주민이었기 때문일까?

원인을 못 찾으면 동기를 살필 수밖에 없다. 그렇다면 털 없는 원숭이는 털가죽을 벗어던지고 어떤 장점을 얻었을까?

---

6 인류는 왜 '털 없는 원숭이'가 되었는가에 관해서는 여러 과학적 견해가 있다. '유아 상태의 지속'(침팬지의 새끼는 털이 없음), '식별의 지표 확보'(자신을 다른 유인원들과 구별함), '체온 하강의 도모'(우거진 숲에서 벗어난 뒤로 더위를 피하기 위해)가 그 예다. 이외에도 불을 피우게 되어서라든가, 기생충이 생겨서라든가, 식사를 할 때 몸이 더러워질까봐 그랬다든가 하는 견해가 있다. 데즈먼드 모리스의 『털 없는 원숭이』 참고.

섹시해졌다.

정상적인 성생활을 해본 사람이면 누구나 나체와 옷을 껴입은 모습 중 어느 쪽이 섹스어필하는지 알고 있다. 아바타의 나비족이 발가벗고 있는 것도 연애와 섹스를 위해서다. 그런데 이게 우리의 문제와 무슨 관계가 있을까? 설마 금단의 열매를 먹기 전까지 아담과 이브가 털이 나 있었다는 것일까?

이것은 뭐라고 말하기가 어렵다.

사실 이 수수께끼를 풀려면 먼저 두 가지 질문에 답해야 한다. 첫째, 털 없는 원숭이로 변한 뒤, 인간은 섹시해졌을까? 이것은 사실판단이다. 둘째, 성적 감각이 혹시 인류의 문화와 문명에 부정적인 영향을 끼쳤을까? 이것은 가치판단이다. 먼저 첫 번째 질문에 답해야 한다. 사실판단이 없으면 가치판단은 아무 의미도 없기 때문이다.

하느님과의
공모

인간이 섹시해진 것은 전혀 의심할 여지가 없다.

인간은 틀림없이 지구상에서 섹스의 능력과 쾌감이 가장 발달한 종이다. 여느 포유동물들에게 발정기가 따로 있는 것과 달리 언제 어디서든 하고 싶은 대로 섹스를 한다. 빈번한 횟수, 다양한 자세, 강렬한 쾌감은 어느 동물도 따라오지 못한다. 모리스의 말에 의하면, 발기했을 때 남자의 음경은 영장목 동물 중에서 단연 으뜸이며 여성의 오르가슴은 인류의 전유물이라고 한다. 인간과 비교해 침팬지의 그 것은 겨우 작은 못만 하고, 개코원숭이는 교미 시간이 10초도 안 되는데 어떻게 오르가슴이 있을 수 있겠는가?

물론 교미 시간이 겨우 몇 초에 불과해도 수컷 동물은 적어도 사정의 쾌감을 느끼기는 한다. 전자는 확실히 그들이 언제든 싸울 수 있는 상태를 유지하게 하기 위해서이며 후자는 그들의 구애의 노력에 **028**

대한 위로와 포상인 셈이다.

반면에 암컷 동물은 절대 '섹스를 위한 섹스'는 하지 않다. 그들에게 성은 '삶'이 아니라 '임무'다. 즉, 임신의 조건이자 필수 요소다. 그래서 그들은 오직 발정기에만 교미를 하며, 간혹 뻔뻔하게 수컷을 유혹하거나 욕심껏 삽입을 받아들이기도 하지만 그것은 성욕이 왕성해서가 아니라 임신의 기회를 늘리기 위해서다. 그래서 암컷 원숭이들은 수컷 원숭이들의 구애에 무관심할 때가 많다. 게다가 일단 교미가 끝나면 아무 일 없었다는 듯 홱 자리를 뜬다. 확실히 그들에게는 생식의 목적을 벗어난 성관계는 없다.[7]

생식밖에 없으면 성도 없다. 또 성이 없으면 성적 감각도 필요 없다. 성적 감각이 인간에게만 있는 것이라면 그것은 곧 인간의 본성이다.

인간은 본래 성적인 존재다.

사실 성적 감각은 성별의 미감美感이면서 섹스의 쾌감이기도 하다. 그리고 쾌감이든 미감이든 그 모든 가능성은 인간과 원숭이의 차이에서 비롯된다. 심지어 진화의 성과에 힘입은 직접적인 향유이기도 하다.

직립을 예로 들어보자.

직립은 남자와 여자가 마주보았을 때 성적 신호의 기관과 성감대, 즉 감정을 전하는 눈썹과 눈, 키스를 기다리는 입술, 애무할 수 있는 유방, 그리고 결국 긴밀히 결합하게 되는 생식기를 전부 정면으로 마

---

7 인류가 털이 없는 것과 성적 감각에 관한 설명과 증거도 모리스의 『털 없는 원숭이』 참고.

주치게 한다. 그럼으로써 인류가 얼굴을 맞댄 채 섹스를 하고 섹스를 할 때 서로에게 눈과 입을 맞추게 한다. 당연히 자유롭게 여러 자세와 체위를 취할 수도 있다. 이러는 것이 배후 삽입만 하는 것보다 훨씬 쾌감이 크다.

손도 마찬가지다.

한 쌍의 민첩한 손이 있기에 포옹과 애무, 전희와 후희가 가능하다. 그러나 긴 체모 때문에 피부가 드러나지 않는다면 이런 행위들은 모두 효과가 크게 줄어들 것이다. 털이 부숭부숭한 사람끼리 부둥켜안는 느낌을 상상해보라. 따뜻하기는 하겠지만 섹스는 곤란할 것이다.

직립, 손의 사용, 드러난 피부라는 인류 진화의 이 3대 성과는 성을 삶으로 변화시켰다.

이제 우리는 하느님의 인류 창조가 왜 두 번으로 나눠 이뤄지고 또 두 가지 재료를 사용했는지 알 수 있다. 인류의 진화가 단계적으로 진행되었기 때문이다. 그것은 원숭이에서 유인원으로, 이어 유원인Hominidea(유인원Hominoid과 인간Homosapiens의 중간 단계)을 거쳐 인간에 이르기까지 하나의 점진적인 과정이었다. 그리고 질적인 변화를 따지면 '형성 중인 인간'에서 '완전히 형성된 인간'으로의 이행이었다.

아담은 전자이고 이브는 후자다. 이브는 틀림없이 털 없는 원숭이였다. 아담이 털 있는 원숭이였는지 반나체였는지는 말하기 어렵다.

하지만 '인간과 가까운 인류'와 '인류'는 구분이 확실하다. **030**

완전히 인간이 된 것의 지표는 의식이 생긴 것이며 이는 금단의 열매를 훔쳐 먹고 지혜에 눈을 뜬 것으로 표현되었다. 완전히 인간이 된 후에는 자연계를 떠나야 하는데, 이는 낙원에서 추방되어 스스로 삶을 도모하는 것으로 표현되었다. 형성 중인 인간은 자연에 의지해야 하므로 진흙으로 아담이 만들어졌고, 완전히 형성된 인간은 자신에게 의지해야 하므로 갈비뼈로 이브가 만들어졌다. 또 뱀은 사실 인류의 마음속 깊은 곳에 숨겨졌던 것이어서 하느님은 관여할 수 없었다.

그 모든 것은 인간과 신의 공모였다.

그런데 왜 굳이 아담의 갈비뼈로 이브를 만들고 이브의 갈비뼈로 아담을 만들지는 않은 걸까?

그것은 오직 이브만 혁명적인, 대단히 중요한 한 걸음을 내디딜 수 있었기 때문이다.

그 한 걸음은 바로 생식에서 성으로의 변화였다.

첫 번째
혁명

생식이 성으로 변한 것은 원숭이에서 인간으로의 중요한 전환이었다. 이것의 의의는 인류사의 어떤 혁명에도 절대 뒤지지 않는다.

이 혁명을 이끌고 일으킨 사람은 바로 이브다.

그 이치는 간단한다. 동물에게 성이 없는 것은 전적으로 암컷에게 생식 이외의 교미 욕구가 없기 때문이다. 만약 암컷에게도 '생육과 무관한 성욕'이 있다면 어떻게 될지 상상하는 것은 그리 어렵지 않다. 자연계에도 윤락업소 같은 것이 생길 것이고 그곳의 성노동자는 아마 수컷일 것이다.

확실히 우리는 아담에게 혁명을 기대할 수는 없다. 아담은 뭔가를 바꿀 수도 없다. 생식에서 성으로 진정한 변화가 일어나는 쪽은 여성일 수밖에 없다. 결정적이고 중대한 작용을 하는 쪽도 그녀들일 수밖에 없다. 따라서 뱀이 유혹하고 유혹할 수 있었던 대상은 필연적으로 이브였다. 이브가 뱀의 유혹을 받아들인 것은 그녀가 남자에 대해 꽤 호감이 있었음을 말해준다. 바꿔 말하면 여성에게는 이미 '성적 흥미'가 있었던 것이다.

여성이 해방됨으로써 인류도 해방되었다.

사실 성적 희열을 못 느끼면 여자들은 생식의 필요가 없을 때 남자들의 요구를 들어주지 않을 것이다. 마찬가지로 여자가 오르가슴을 체험할 수 있어야만, 적어도 성적 쾌감을 느끼고 성욕과 성적 충동이 있어야만 비로소 교미는 진정한 섹스가 된다. 이때는 남자가 느끼는 쾌감도 단순히 수컷 동물이었을 때와 비교해 훨씬 강해진다.

이로 인한 첫 번째 결과는 성 생활에 대한 인류의 흥미와 집중도가 크게 높아진 것이다. 두 번째 결과는, 여자가 일정 기간에는 어떤 한 남자와의 섹스만을 원하게 되었고 그 반대의 경우도 마찬가지가 되었다는 것이다. 이것은 여자에게는 상대적으로 쉽지만 남자에게는 비교적 어려운 일이다. 그래서 하느님은 부득이하게 직접 손을 써서 에덴동산의 그 뱀에게서 날개를 빼앗았다. 여기에 담긴 문화적 메시지는 매우 분명하다. 바람을 피우면 안 된다는 것이다.

하지만 이것을 단순히 '영원한 사랑' 정도로 귀결지을 수는 없다.

사랑은 여태껏 영원한 적이 없었고 영원하기도 어려우며 결혼과도 필연적인 관계가 없다. 사실 원시시대의 남녀가 그렇게 스스로를 구속하게 된 것은 처음에는 아마도 서로의 사랑 때문이었을 테고 나중에는 사랑을 빙자한 결혼 때문이었을 것이다. 여기에는 의심할 여지 없이 실용적이며 공리적인 계산이 있었다. 역시 가장 직접적인 원인은 사회적 분업이었다. 남자는 사냥을 하고 여자는 집안일을 봐야 했다. 결과적으로 여자는 남자가 밖에서 바람이나 피우며 자신과 아이를 허기지게 하도록 내버려둘 수 없었고, 남자도 온갖 고초를 겪으며 전리품을 갖고 돌아오는데 집에서 '다른 여자의 남자' 취급을 받는 것을 용인할 수 없었던 것이다.

남녀의 이른바 '이원적 관계'는 이렇게 형성되었다.

이와 상응하는 생리적 변화는 여자가 임신 중에도, 심지어 생리 중에도 남자의 욕구를 충족시켜줄 수 있게 되었다는 것이다. 왜냐하면 남자가 오랫동안 성욕을 참는 것은 확실히 비현실적이기 때문이다. 그래서 여자는 사랑과 결혼이 붕괴되지 않도록 자신의 신체를 잘 조절해야 했으며 여자가 그럴 수 있게 되었을 때 인류와 동물 간의 거리는 더 현격히 벌어졌다.

그때 에덴동산은 한마디로 천지개벽을 겪었다.

우선 생식이 성으로 바뀌었고 그다음에는 성이 사랑이 되었다. 또 그다음에는 사랑이 결혼으로 변질되었다. 결혼은 가정을 낳았고 가정은 씨족을 구성했으며 씨족은 부락과 부락연맹으로 바뀌었고 마지막에는 국가를 낳았다. 우리의 본래의 원숭이 집단도 부지불식간에 사회로 변했다.

이 모든 일은 역시 여자 때문에 이뤄졌다. 처음에는 이브, 그다음에는 여와 때문에.

이브는 소녀 시절의 여와이고 여와는 성숙기의 이브다. 이브가 여와가 된 것은 미개시대에서 야만시대로 넘어간 것을 뜻한다. 미개시대를 대표하는 성과가 어류의 섭취와 불의 사용이었던 것처럼 이 새로운 시대의 시작은 도기제조술로 대표된다. 불이 있어서 인류는 기나긴 밤이 더 이상 길지 않게 되었다. 또한 도기제조술이 있어서 문화의 발자취를 남길 수 있게 되었다. 그래서 우리는 곧 그 태곳적 도기들에서 여와의 미소를 볼 수 있을 것이다.

새벽하늘에 서광이 비칠 때 아침별은 아직 남아 있고 달빛도 어슴푸레했다. 자신의 과업을 마치고 물러나면서 이브는 쏜살같이 날아가는 여와의 뒷모습을 눈으로 좇았다. 그리고 동양의 그 위대한 여신이 구름에 휩싸인 황토 언덕 위에 서서 사방에 빛을 뿌리며 포효하는 것을 확인했다.

삶과 죽음의 비밀은 모두 여성에게 있다.
여와가 뱀으로 변한 것은 세계적, 역사적 착란이다.

제2장

여와의 등장

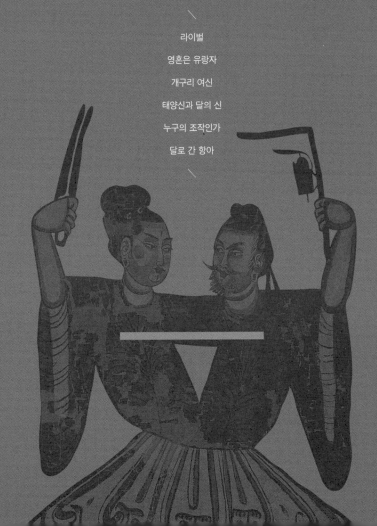

라이벌

다시 세상에 나온 여와는 그리 아름다워 보이지 않았다.

여기서 말하는 '여와'를 유럽에서는 '비너스'라고 부른다. 그녀들은 고고학적 발견물로서 원시 종족이 빚은 모신상을 뜻한다. 그중 가장 오래되고 대표적인 것은 프랑스에서 출토된 부조상 '로셀의 비너스'와, 오스트리아에서 출토된 입체 조각 '빌렌도르프의 비너스'다. 연대는 약 2만5000년 전이다.

나중에 점점 더 많은 '비너스'가 세계 각지에서 연이어 출토되어, 프랑스 서부부터 러시아 중부까지 1770킬로미터에 이르는 '비너스 환형 지대'를 형성했다.

물론 이것은 서양인들이 지은 이름이다. 중국인의 입장에서는 '로셀의 여와'나 '빌렌도르프의 여와'라고 해도 무방하다. 그리고 중국의 '비너스'는 산하이관山海關 밖의 홍산문화紅山文化 유적지에서 두 건이 출 **038**

토되었다. 연대는 약 5000년 전이다.

그 여와 혹은 비너스들을 깨운 것은 왕자의 키스가 아니라 고고학 발굴단의 호미였다. 더구나 그녀들도 잠자는 숲속의 미녀라고 부르기에는 정말 쑥스러울 정도였다. 그 신상들은 예외 없이 큰 유방과 살찐 엉덩이, 삼각선이 뚜렷한 음부를 지닌 나체의 여인들로서 전혀 섹시하지 않았다. 그녀들은 얼굴이 불분명하거나, 표정이 경직되었거나, 머리가 늘어뜨려져 있거나, 두 팔이 움츠려져 있거나, 배가 볼록하거나, 온몸이 투실투실하거나, 두 다리가 몽둥이 모양이어서 고대 그리스의 팔이 잘린 비너스상과는 비교도 할 수 없었다.

더구나 중국의 그 두 '조상 할머니'는 아예 임산부의 모습이었다.

확실히 이것은 성애의 신 이브가 아니다. 모신 여와일 수밖에 없다. 큰 유방은 젖이 많다는 것을 의미하고 살찐 엉덩이는 아이를 잘 키운다는 것을, 삼각선이 뚜렷한 음부는 아이가 그곳에서 나온다는 것을 의미한다. 아나톨리아의 키벨레 여신상을 보면 분명히 아이를 낳고 있는 형상이다. 그렇다. 혼인 전의 아리따운 아가씨는 상고시대에는 사람들에게 사랑을 받지 못했다. 선사시대 예술가들이 각별히 애정을 쏟은 소재는 힘이 세고 건장해서 애를 잘 낳고 잘 키우는 어머니였다.

039   하지만 예외도 있다.

로셀 비너스 빌렌도르프 비너스 레스퓌그 비너스
(프랑스)

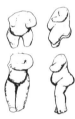

코스첸키 비너스 가가리노 비너스 랴오닝遼寧
(러시아) (러시아) 커쮀둥산喀左東山의
도자기 여성상

    그것은 몰도바[1]의 후기 쿠쿠테니 문화에 속하는 작은 점토 여신상이다. 전라에 긴 다리, 가는 허리와 뚜렷한 음부가 매우 육감적이다. 소녀의 무덤에서 발견된 이 여신은 고고학자들에 의해 '하얀 부인'이라고 이름 붙여졌다. 그녀의 형상은 그곳에 누워 매장을 기다리고 있는 모습으로 풀이되었다.

040

---

[1] 동유럽에 속하는 몰도바는 도나우강의 지류인 드네스트르강과 프루트강 양안에 위치해 있으며 루마니아 동북부, 우크라이나의 일부 지역을 포함한다.

그녀는 죽음의 신이었다.

죽음의 여신은 당연히 여와와 비너스의 '라이벌'이다.

라이벌이라면 물론 전혀 다른 모습이어야 한다. 그러나 생육의 여신이 뚱뚱하고 둔한 데에 반해 죽음의 여신은 아름답고 가냘픈 몸매의 소유자라는 사실은 상당히 의외가 아닐 수 없다. 원시인들은 여신들을 만들면서 왜 이처럼 "삶을 죽음보다 못하게" 묘사했을까? 심미안이 달라서였을까, 아니면 가치관의 차이 때문이었을까? 설마 아름다운 것은 위험하고 둔한 것은 신뢰할 만하다고 생각한 것일까? 아니면 우리가 느끼는 성적 매력이 그들에게는 아무 의미도 없고 심지어 경원하거나 두려워해야 하는 것이었을까?

그것은 아무도 모른다.

그들은 남태평양의 통가인들처럼 비만이 아름답다고 생각했을지도 모른다. 혹은 그들 중 어느 소녀가 아기도 못 낳아보고 요절했을지도 모른다. 한 소녀가 어렵게 성인으로 자라 엄마가 되기도 전에 죽다니, 원시인들에게 이보다 더 받아들이기 힘든 일이 어디 있겠는가?

한편 죽음의 여신은 그런 모습을 갖고 있을 만하다.

몰도바의 신석기시대 묘지에서 발견된 작은 점토 여신상

죽음의 여신의 호리호리한 몸매 뒤에는 깊은 공포가 숨겨져 있다. 누가 무덤에 들어가기 전의 전율을 감당할 수 있고, 또 누가 다시는 깨어나지 못할 긴긴 잠을 상상할 수 있겠는가?[2] 하물며 당시의 인류는 매우 허약해서 죽는 일이 다반사로 일어났다. 자연재해, 뜻밖의 사고, 야수의 습격, 적과의 전투가 순식간에 사람들의 목숨을 빼앗았다. 섹시하고 아름다운 죽음의 여신이 언제 추파를 던지며 키스를 날려 보낼지 아무도 알지 못했다.[3]

가족의 시신 앞에서는 눈물이 마를 때까지 흐느끼게 마련이지만, 울고 또 울다보면 이성이 다시 머리를 든다. 울어봤자 무슨 소용이 있겠는가? 중요한 것은 어떻게든 계속 살 방법을 강구하고 종족을 보전하는 것이다.

죽음은 새로운 삶을 부른다. 조종이 울릴 때 호각과 전투의 북소리도 함께 울린다. 원시인은 죽음의 신과 기나긴 한판 승부를 벌이기로 마음먹었다.

여와가 탄생했다.

---

2 죽음에 대한 공포는 인류의 가장 근원적이고 보편적인 본능이다. 카시러의 『인간론』 참고. 죽음의 인식은 인류 진화의 가장 이른 성과였다. 칼 세이건의 『에덴의 용』 참고.
3 원시 인류의 죽음에 대해서는 이미 통계를 내거나 서술할 방법이 없다. 고도의 문명을 이룩했던 고대 민족들, 예를 들어 마야인이나 싼싱두이三星堆 문화의 창조자들조차 세상에서 감쪽같이 사라져버렸다. 무기 하나 없었던 원시 인류는 더더욱 하루살이 목숨이었을 것이다.

영혼은
유랑자

여와는 풀리지 않는 수수께끼, 즉 죽음에서 태어났다.

사실 지성이 처음 생겨나 자신이 결국 죽는다는 사실을 의식하게 되면서부터 이 문제는 줄곧 인류를 곤혹스럽게 했다. 사람은 왜 죽어야 하는가? 죽은 뒤에는 어디로 가는가? 알지도 못하는 곳을 떠돌아야 하는가, 아니면 새로운 정착지를 찾게 되는가?

이 모든 의문은 사실 하나같이 "죽음이란 무엇인가?"라고 묻고 있다.

죽음에 대한 가장 직접적인 이해는 물론 "내가 사라진다"는 것이다. 그러나 '나'는 어떻게 사라지고, 또 어떻게 사라질 수 있을까? "나는 사라진다"는 이 사건을 나는 알까? 안다면 나는 아직 존재하는 것이다. 반대로 모른다면 사라지는 것이 다른 사람이 아니라 나라는 것을 어떻게 증명할까? 어쨌든 이것들은 아무리 고민해도 풀리지 않는

043

문제다.

결론은 역시 하나밖에 없다. 내가 존재하는 것은 장소를 바꾼 것일 따름이다.

장소를 바꾸는 것은 얼마든지 가능한 일이다. 원시인들은 물고기, 새, 뱀, 소, 물론 인간까지 모두 영혼이 있다고 보았다. 육체는 영혼이 거주하는 장소였고. 또 거주를 하는 만큼 이사도 가능했다. 언제든 천막을 해체하고 이주할 수 있는 것처럼 말이다. 육체의 해체와 이주는 죽음이고 영혼의 이사는 환생이었다. 바꿔 말하면 죽음은 유목민족이 목장을 찾아 옮겨 다니는 것 같은, 영혼의 한 장소에서 다른 장소로의 이동이었다.

영혼은 유랑자다. 운명은 그를 머나먼 곳으로 내몬다.

만물은 다 영혼이 있고 영혼은 환생한다. 이것이 가장 원시적인 인생철학이었다. 물론 어디에, 어떻게, 어떤 모습으로 환생하는지는 오랜 세월이 지난 뒤 종교가 답해줄 수 있었고 원시인은 알지 못했다. 그들이 아는 것이라고는 영혼이 장소를 바꾼다면 나는 죽지 않는다는 것뿐이었다.

그러나 그 정도면 죽음에 맞서고 죽음의 공포와 싸워 이기기에 충분했다. 왜냐하면 그것은 사람이 영원히 산다는 신념을 뜻하기 때문이었다. 육체는 사라져도 영혼은 죽지 않는다. 또 개체는 쓰러져도 종족은 멸망하지 않는다. 종족과 집단의 생명은 끊임없이 이어진다. 어 **044**

쨌든 한 영혼은 고향을 떠나도 곧장 새로운 거처를 찾는다. 따라서 죽음은 삶의 끝이 아니라 시작이다.

여기에는 두 가지 일이 필요했다. 하나는 안장安葬, 다른 하나는 찬양이었다.

안장은 당연히 죽은 자에게 필요하다. 구석기시대의 네안데르탈인과 저우커우뎬周口店의 베이징원인은 모두 죽으면 매장을 했고 도구·음식·장신구까지 함께 묻었다. 그 의미는 매우 분명하다. 영혼이 길을 떠나려면 식량이 있어야 하고, 죽은 자는 사실 죽은 게 아니라 언제든 살아날 수 있다는 것이다. 그래서 부장품이 필요했고 심지어 미라를 만들거나 주술사가 혼을 불렀다. 어쨌든 장례는 반드시 필요했다. 고대 이집트 귀족의 무덤 속에는 죽은 자가 술을 마시고 연회를 열 수 있도록 양질의 포도주까지 갖춰놓았다.

찬양의 대상은 무엇보다도 여성이었다.

여성은 생명의 근원이며 영혼이 새로 거주하는 육체의 창조자다. 더욱이 죽음을 두려워하지 않거나, 적어도 피를 흘리는 것을 두려워하지 않는다. 그녀들은 매달 피를 흘리는데도 죽지 않으니까. 아이를 낳을 때도 피를 흘리지만 그것은 새로운 생명에게 특별한 세례를 내리는 것일 뿐이다.

확실히 삶과 죽음의 비밀은 모두 여성에게 있다.

045 다시 말해 여성만이 인간세상의 특급 기밀을 알고 있다.

그래서 마땅히 여성을 찬양하고, 숭배하고, 조각과 그림과 제단을 통해 여성과 여성의 생식기를 특별히 재현해야 했다. 가장 유명한 예는 윈난雲南 젠촨劍川의 '아양바이阿央白'와 홍산문화 유적지의 제단, 그리고 수많은 '비너스'와 몇몇 '하얀 부인'이다.

당연히 인류의 가장 오래된 신들도 하나같이 여신 일색이다.[4]

에게해 지역의 미노스 문명은 특히나 여신 중심이었다. 크레타의 한 인장印章을 보면 풍만한 유방의 여신이 세상 꼭대기에 높이 서서 오만하게 뱀 한 마리를 치켜들고 있다. 세상 사람들에게 여성의 위세를 과시하는 것이다. 또한 그 밑에서는 탄탄한 체격의 젊은 남자가 그녀를 향해 숭배의 환호성을 지르고 있는데, 그의 음경이 볼 만하게 불끈 치솟아 있다.[5]

미노스 문명은 기원전 약 3000년부터 기원전 1450년까지 존재했다. 주로 크레타 섬에서 발전했고 두드러진 특징은 여성숭배였다. 그림은 크레타 섬의 인장이다.

이것은 에로틱하거나 외설적이기보다는 대단히 신성하면서도 장엄한 의식이다. 이 의식에서 발기는 경의의 표시이며 발기된 음경은 여 **046**

---

4 인류 최초의 신이 여신이었다는 것은 고고학자와 신화학자들 사이에서는 잘 알려진 사실이다. 그리스 시대까지도 여신은 중요한 지위를 점하고 있었다. 고대 그리스 신화를 보면 제우스의 아내 헤라, 하데스의 아내 페르세포네, 불과 화로의 여신 헤스티아, 대지의 여신 가이아, 사랑과 미의 여신 아프로디테, 지혜의 여신 아테나, 달의 여신 아르테미스, 청춘의 여신 헤바, 승리의 여신 니케, 정의의 여신 디케, 기억의 여신 므네모시네, 농업의 여신 데메테르, 바다의 여신 테티스 등 수많은 여신이 있다. 그러나 중국 민족에게는 주요 신들 중 여신이라고는 여와밖에 남아 있지 않다. 나머지는 부차적인 신이거나 심지어 요괴다.

신을 찬미하는 시다.

이런 의식을 '생식숭배'라고 부른다.

---

5 에게해 지역의 고대 문명인 미노스 문명은 고대 그리스 미케네 문명 이전의 청동기시대에 출현했고 약 기원전 3000년에서 기원전 1450년까지 존재했다. 이 문명은 주로 크레타 섬에서 발전했고 여신숭배가 특징이었다.

개구리
여신

생식숭배는 여와의 걸작이다.

생식숭배는 사실 불가피하게 생겨났다. 원시인들은 수명이 매우 짧았다. 네안데르탈인은 평균 수명이 스무 살 이하였고 베이징원인도 서른 살을 넘지 못했다. 이렇게 오래 못 살고 죽다보니 자식을 많이 낳을 수밖에 없었다. 결국 높은 사망률에 대항할 수 있는 것은 오직 높은 출생률뿐이었던 것이다. 그래서 여와는 수고를 무릅쓰고 인류를 대량생산해야만 했다. 심지어 덩굴에 진흙물을 묻혀 휘두르기까지 했다. 죽음의 신과의 투쟁에서 그것은 가장 실제적인 한 수였다.

그러나 아이를 더 낳는 것은 말처럼 그렇게 쉽지는 않았다. 섹스를 하는 족족 결과를 얻을 수 있는 것도 아니고 남자애를 낳을지 여자애를 낳을지 전부 운이니까. 어떻게 보면 어떤 신비한 힘이 은연중에 '명중률'을 좌지우지하는 것 같다. 그런 힘을 어떻게 경배하지 않을 **048**

수 있으며, 또 어떻게 자기 몸에 작용하도록 방법을 강구하지 않을
수 있겠는가?

경배의 목적은 그 힘의 획득이었고 획득의 방법은 샤머니즘이었
다. 또한 샤머니즘의 법칙은 유사성과의 접촉이다. 예를 들어 요즘에
도 중국인들은 겁 없이 함부로 행동하는 것을 "표범 쓸개를 먹었다"
고 하고, 재능을 감추고 드러내지 않는 것을 "개꼬리를 감춘다"고 한
다. 이런 문학적 수사는 사실 샤머니즘의 유풍이다. 실제로 원시시대
의 전사는 정말 표범의 쓸개를 먹어야 했다.

신비한 생식능력을 획득하는 것도 이와 마찬가지였다.

그래서 여와와 그녀의 수많은 자매가 세계적 범위에서 우후죽순처
럼 창조되었다. 그것은 여성의 생식능력에 대한 직접적인 숭배였고 그
숭배는 실용주의적이었다. 그러므로 볼록한 배는 그녀들의 자존심이
었으며 풍만한 유방은 그녀들의 훈장이었다. 또한 연못의 개구리 울
음소리는 그녀들의 '환희의 송가', 물속의 고기들은 그녀들의 수많은
화신이었다.

그렇다. 물고기와 개구리였다. 그것들은 신석기시대의 도기에 빈번
히 출현했다.

한 번 보면 잊히지 않는 그 형상들은 사실적이거나 추상적이거나
단순화되어 있으며 서열관계를 형성하며 장관을 이룬다. 특히 반포反
坡 유적의 물고기 무늬와 마자야오馬家窯의 개구리 무늬는 형식과 내용

을 겸비했고 생기발랄하며 활력이 넘친다. 한 줄 한 줄 나란히 묘사된 물고기들은 에너지가 충만하며 물속에서 헤엄치는 새끼 개구리들은 우아하고 여유 있는 자태를 자랑한다. 그렇다. 상고시대의 그 신비한 도안들을 응시할 때마다 우리는 싱싱한 생명의 기운을 느낀다.

반포에서 출토된 물고기 무늬 도안.   물속에서 헤엄치는 새끼 개구리.
간쑤성甘肅省 리현禮縣에서 출토된
마자야오 유형의 개구리 무늬.

실로 경의를 표하지 않을 수 없는 생식숭배의 문화적 기호들이다.

그런데 왜 하필 물고기와 개구리일까?

왜냐하면 다산을 연상시키기 때문이다. 물고기와 개구리는 사고능력이 발달하기 시작한 초기 인류에게 많은 상상을 불러일으켰다. 물고기의 입술은 음순과 비슷하게 열리고 닫힌다. 개구리는 임산부처럼 배가 볼록하다. 믿기 힘들다면 장자이姜寨 1기의 쌍어문雙魚紋을 보라. 여성 생식기의 생리적 해부도나 다름없다.

더구나 물고기는 얼마나 알을 많이 낳는가! 개구리도 봄비만 오면 올챙이가 무리를 이룬다. 이것은 틀림없이 왕성한 생명력을 의미한다. 그래서 먀오디거우廟底溝의 개구리 무늬는 특별히 복부에 수많은 **050**

점을 그려 넣었고 마자야오의 개구리 무늬에는 산도産道 입구까지 그려져 있다.

　실제로 채도彩陶의 무늬에는 올챙이부터 새끼 개구리 그리고 어른 개구리까지 개구리의 모든 형태가 다 담겨 있다. 이것은 절대로 우연이 아니다.

— 산도 입구

간쑤성에서 출토된
마자야오 유형의 개구리 무늬.
특이하게 산도 입구가
그려져 있다.
더구나 산도 입구는
중국 전통 의학에서
'합마구蛤蟆口'(합마는 개구리와
두꺼비의 총칭)라 불린다.

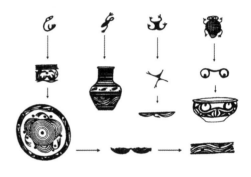

간쑤성 마자야오 유형 개구리 무늬의 변천.
정웨이鄭爲의 『중국채도예술中國彩陶藝術』 28쪽 그림 24.

　물고기는 여성의 음부와 수정을 상징하며 개구리는 자궁과 임신을 상징한다.[6] 따라서 장자이 1기의 어느 대야 내벽에 그려진 한 쌍의 물고기와 개구리 무늬는 완전한 '여성 생식계통'이다. 이 계통을 이해하면 우리는 생명의 문을 두드리고 거침없이 그 안으로 들어갈 수 있다.

051

---

6 물고기는 여성 음부의 상징이고 개구리는 자궁의 상징이다. 꽃도 여성 생식숭배의 상징이다. 꽃은 식물의 생식기관이기 때문이다. 그리고 대다수 동물의 발정기는 꽃이 피는 봄이다.

양사오문화仰韶文化의 물고기와 개구리 무늬가 그려
진 도기 대야. 신석기 시대의 유물이다. 산시성陝西省
시안 린퉁臨潼의 장자이 유적에서 출토.

죽음의 선상에서 방황하던 인류는 가까스로 살길을 찾았다.

이제 여와의 진정한 정체를 찾은 듯하다. 여와는 생육을 주관하는
개구리 여신이면서 우리를 이끌고 죽음과 싸우는 승리의 여신이다.
우리 아이들은 그녀의 주재 아래 태어나 마치 달빛 아래 연못 속의
개구리들처럼 울어대며 생명의 교향곡을 연출한다.

죽음의 신이여, 이 소리를 듣고 있는가?

태양신과
달의 신

그 울음소리를 들은 것은 달이었다.

달은 여성의 비밀을 가장 많이 알고 있다.

조물주는 혹시 여성과 달을 같은 시각에 만들지 않았을까? 그렇지 않다면 어떻게 그토록 많은 유사성과 관련성이 있을 수 있을까? 월경이 한 달에 한 번인 것은 관련성이다. 그리고 배가 찼다가 기우는 것은 유사성이다. 달은 거대한 개구리나 위대한 임산부 같다. 보름달일 때는 임신한 듯하고 초승달일 때는 막 아이를 낳은 듯하다. 밤하늘 가득 별들을 낳은 달이 어떻게 신성한 개구리가 아닐 수 있겠는가?

산시성 시안 린퉁의 장자이에서 발견된 반포 유형의 개구리 무늬. 배에 찍힌 점들은 많은 자식을 뜻한다.

달을 상징하는 그 신성한 개구리는 '섬여蟾蜍'라고 불린다. 그것은 달에 있거나, 아니면 달 그 자체이거나, 심지어 하늘의 구멍을 메운 여와로 간주된다. 장자이에서 출토된 어느 채도에 그려진, 배에 반점이 가득한 개구리 도안이 바로 그녀의 형상이다. 본래 많은 자손을 가리키는 그 반점들은 나중에 여와가 녹여 하늘을 메운 돌멩이가 되었고, 또 그녀가 하늘을 받치는 기둥으로 삼은 거북이 다리는 원래 개구리 다리다.

여와는 실로 자신을 희생하여 우리를 온전하게 만들어주었다.

한 마리 거대한 개구리가 부서져 흔들리던 하늘을 자신의 네 다리로 지탱했고, 몸속에 품은 지 이미 오래된 생명력을 한순간에 터뜨려서 마치 빅뱅처럼 밤하늘에 가득한 별들로 바꾸었다. 이 얼마나 놀랍고 위대한 일인가? 그러고 보면 달의 모습이 무쇠처럼 희고 차가운 건 산후의 과다 출혈 때문일 수도 있을 듯하다. 이것은 노아의 방주가 선택된 몇몇 생명에게만 혜택을 준 것과 비교해 훨씬 더 위대하다!

이것이 바로 여와의 별하늘이지만 여전히 궁금한 점이 많다.

누구나 알고 있듯이 규칙적으로 배가 부풀었다가 줄어드는 건 달, 개구리, 여성이다. 태양과 남성은 그렇지 않다. 한 달에 한 번 돌아오는 월경도 남성이나 태양과는 무관하다. 따라서 달의 신은 여성, 태양신은 남성인 것이 당연한 듯하다. 고대 그리스의 태양신이 아폴론이었고 달의 신이 아르테미스였던 것처럼.[7]

---

[7] 태양신과 달의 신의 성별은 세계 각 민족 사이에서 완전히 일치하지는 않는다. 여기에서는 논의하지 않겠다.

이렇게 보면 중국 민족의 태양신과 달의 신은 복희와 여와가 돼야 마땅하다. 복희가 손에 든 것은 태양이고 그 안에는 신성한 태양의 새가 있으며, 또 여와가 손에 든 것은 달이고 그 안에는 신성한 달의 개구리가 있기 때문이다.[8] 이것은 완전히 중국판 아폴론과 아르테미스다.

그러나 문헌 자료를 보면 중국의 태양신과 달의 신은 모두 여신이다. 태양신은 희화羲和, 달의 신은 상희常羲라고 한다.[9] 그리고 둘은 모두 제준帝俊의 아내다. 제준은 곧 제곡帝嚳이며 심지어 순舜이라는 설도 있다.[10] 상당히 복잡하다. 그러면 희화, 상희, 복희, 이 세 '희羲'는 서로 관계가 있을까? 만약 있다면 그건 어떤 관계일까?

사실 희화는 태양신이 아니며 상희도 달의 신이 아니다. 둘은 다모신이다. 희화는 열 개의 태양을 낳았고 모두 아들이었다. 상희는 열두 개의 달을 낳았고 모두 딸이었다. 또 둘은 다른 어머니들처럼 자기 자식들에게 목욕을 시켜주었다. 단지 희화는 동남쪽에서, 상희는 서북쪽에서 목욕을 시켰을 뿐이다.

그러면 후예后羿와 항아姮娥가 태양신과 달의 신일까? 만약 그렇다면 항아는 왜 달로 도망쳤을까? 본래 거기 있었던 게 아닌가? 또 후예는 왜 해를 쏘아서 떨어뜨렸을까? 그건 자해 행위나 다름없는데 말이다.

그 이유는 아무도 모른다.

아무래도 아폴론과 아르테미스를 증인으로 불러내야 할 것 같다.

055

---

8 복희가 태양을, 여와가 달을 받쳐들고 있는 그림은 원유聞宥의 『쓰촨 한나라 화상 선집』 44번째 그림이다. 복희伏羲는 복희伏戲, 포희庖犧, 복희宓羲, 여희慮羲라고도 한다. 신농神農 이전의 왕으로 여겨지며 『전국책戰國策』에서 처음 보인다. 위안커袁珂의 『중국신화전설中國古代神話』에 따르면 그는 천둥신의 아들이었을 것이다. 또 『문선文選』 「낙신부洛神賦」에서는 강의 여신 복비宓妃가 복희의 딸이라고 설명하고 있다.

9 희화는 『산해경』 「대황남경大荒南經」에서, 상희는 『산해경』 「대황서경大荒西經」에서 등장한다.

10 위안커의 『중국신화전설』 참고.

누구의
조작인가

증인으로 부른다고는 했지만 아폴론과 아르테미스는 사실 유사한 사건의 당사자이기도 하다.

　누구나 알고 있듯이 아르테미스와 아폴론은 제우스와, 밤의 여신 레토의 자식이며 쌍둥이다. 이것은 의외로 말이 된다. 신들의 왕이 밤에게 빛을 주었으니 단번에 달과 태양이 태어날 만도 하다. 아르테미스가 달의 여신이 된 것도 별 문제가 없다. 태어날 때 그녀는 미간에 눈부신 달이 새겨져 있었고 왼손에는 화살을, 오른손에는 활을 들고 있었다고 한다. 또 온몸에서 성스러운 빛이 뿜어져 나왔다.

　반면에 아폴론이 태양신이라는 것은 대단히 의심스럽다. 진짜 태양신은 헬리오스이고 아폴론은 단지 빛의 신이기 때문이다. 그런데 태양신이 아닌데도 왜 미간에 빛나는 태양이 새겨졌을까?

　적어도 반은 태양신이어서 그랬던 게 아닌가 싶다.

아니면 그것을 바라는 사람이 있었기 때문이다.

사실 아폴론은 태양신이 돼야만 아르테미스와 짝을 이룰 수 있었다. 그런데 둘이 도대체 오빠와 여동생인지, 누나와 남동생인지는 그리스인들 사이에서도 의견이 분분했다. 어떤 기록에서는 아르테미스가 태어난 뒤 분만의 여신이 되어 어머니 레토가 아폴론을 낳는 것을 도왔다고 한다. 반면 아폴론이 먼저 태어난 뒤 자기 손으로 아르테미스를 끌어냈다고 이야기하는 기록도 있다.

번쩍이는 이마의 태양신 오빠가 솟아나와 우람한 팔뚝으로 아름다운 달의 여신인 여동생을 끌어내는 광경은 확실히 멋있기는 하다.

그런데 이것은 진실일까, 조작일까?

조작이다.

왜냐하면 태양은 결코 달보다 먼저 떠오르지 않기 때문이다.

상고시대 문화에서 태양과 달은 서로 다른 기호이면서 서로 다른 시대의 상징이기도 하다. 달은 여성과 함께 암컷의 생식능력을 상징한다. 여성의 이 능력에 대한 숭배는 반드시 남성보다 선행한다. 그래서 여성의 문화적 코드가 먼저 두드러지게 마련이다. 물고기, 개구리, 달 그리고 대지 같은 것들이 말이다.[11] 어머니와 모성을 상징하는 대지가 먼저 있어야만 씨앗과 씨앗의 담지자, 즉 남성이나 남자, 그리고 다음 장에서 다루게 될 새, 뱀, 태양 같은 그들의 문화적 기호의 차례가 돌아온다.

057

---

[11] 대지는 중국과 서양에서 모두 여성으로 상징된다. 그리스의 가이아와 중국의 곤괘坤卦가 그렇다.

그러므로 달의 여신이자 수렵의 여신인 아르테미스가 틀림없이 앞에, 빛의 신이자 문예의 신이면서 '가짜 태양신'이거나 겨우 태양신에 준하는 아폴론은 뒤에 위치한다. 다시 말해 아르테미스가 달의 수레를 타고 하늘을 지나 숲속을 지나칠 때, 미간에 태양이 새겨진 아폴론은 아직 엄마 뱃속에 있었던 게 분명하다. 고대 그리스 신화는 두 가지 상이한 기록을 남김으로써 진상을 완전히 은폐하지는 못했다.

마찬가지로 달을 받쳐 든 여와가 앞에, 태양을 받쳐 든 복희가 뒤에 그리고 희화와 상희가 복희 뒤에 위치하는 게 맞다. 여와는 복희의 여동생이었을 리가 없다. 뱀이었을 리도 없고. 그녀는 분명 개구리였을 것이다.

개구리가 뱀으로 변한 것은 틀림없이 누군가의 조작이다.

이 조작을 파헤치는 건 어렵지 않다. 이 조작으로 누가 이득을 보았는가만 알아내면 되니까. 아울러 조작의 동기도 자연히 밝혀낼 수 있다. 여와가 뱀이 되면 누구에게 유리할까? 복희나, 복희의 추종자와 계승자다. 이유는 매우 간단한다. 만약 복희와 여와가 모두 뱀이면 누가 먼저이고 누가 뒤인지 모호해져서 뒷사람을 앞자리에 놓기가 쉬워진다. 예를 들어 복희가 여와의 오빠라고 주장하는 식으로 말이다.

복희를 앞에, 여와를 뒤에 놓는 것은 대체 어떤 의미가 있을까? 바로 남존여비男尊女卑가 영원불변의 진리라고 입증할 수 있게 된다. 그래 **058**

서 여와를 다른 모습으로 손봐야만 했던 것이다. 조작의 범인은 십중
팔구 남성중심주의 사회의 윤리를 고취했던 자들이 틀림없다. 단지
도둑이 제 발 저린다고 그만 허둥댄 나머지 반박할 수 없는 증거, 즉
여와가 달을 들고 복희가 태양을 든 그림을 남겨둔 것일 뿐이다. 게다
가 여와의 달 속에는 떡하니 개구리 한 마리가 들어 있었다.

한대 화상석의 여와와 복희 그림. 『쓰촨 한나라 화상 선집四川漢代
畫像選集』 44번째 그림.

이것은 누구도 부정할 수 없는 증거다!

그런데 여와의 모습을 손볼 수 있었다는 것은 시대가 변했음을 의
미한다. 어떻게 변한 걸까? 씨족사회가 모계에서 부계로 변했다. 부
계사회는 남자들의 세상이다. 그들은 당연히 역사를 뜯어고칠 권력
과 능력이 있었다. 그래서 모든 것이 뒤바뀌었다. 여와와 복희는 오빠
와 누이동생으로, 항아와 후예는 부부로, 나중에 태어난 아폴론도
아르테미스의 오빠로 변했다.

이런 세계적, 역사적 착란은 누구도 바로잡을 수 없었다.

달로 간
항아

여와가 수모를 당한 뒤, 이번에는 항아가 몰래 도망치는 사건이 벌어졌다.

그건 '단독 행동'이었다. 강요한 사람도, 계획한 사람도, 데려간 사람도, 따라간 사람도 없었다. 그녀와 미리 약속하거나 그녀를 기다린 사람도 없었다. 그런데도 뒤도 안 돌아보고 결연히 가버렸다.

이건 뭔가 잘못을 저지르고 도망친 것으로는 보이지 않는다.

사실 항아는 적응할 수도, 반항할 수도 없는 남권사회라는 환경에서 달아난 것이었다. 물론 그녀는 순전히 개인적인 차원에서 도망친 것이어서 무슨 의미 있는 결과나 연쇄반응은 기대할 수 없었을 것이다. 비타협주의라고도 논할 수 없는 수준이다. 항아는 남권사회를 감히 건드릴 수는 없되 피할 수는 있었던 것이다.

그런데 새로 탄생한, 나날이 강력해지고 있던 부계사회와 그 시대 **060**

는 정말 피해야만 하는 것이었을까?

아마도 그랬을 것이다.

겉에서 봤을 때 모계에서 부계로의 변화는 혈통의 계산 방식이 바뀐 것일 뿐이다. 그러나 실제로 둘의 차이는 매우 본질적이다. 모계씨족은 '비非권력사회'였다. 그곳에는 관리만 있고 통치는 없었으며, 또 성의만 있고 권력은 없었다. 여성 리더와 그녀의 조수들은 자식 같은 백성에게 진정한 관심과 애정을 기울였다. 내 가족처럼 다른 사람의 가족을 대하라는 식의 캠페인도 없었다. 그 사회에서는 그것이 무척 당연한 일이었기 때문이다.

그 사회에는 '여권사회'라는 이름도 어울리지 않는다. '모성애적 사회'라고 불러야 한다.

그 사회가 있던 시대는 중국을 비롯한 세계 각 민족에게는 꽃 피는 봄이었다. 남녀가 뒤섞여 놀고 중매나 약혼도 없었으며 어머니가 누구인지만 알고 아버지가 누구인지는 몰랐다.[12] 섹스도 자유로웠고 선택권은 주로 여성에게 있었다. 여성은 심지어 원하기만 하면 동시에 여러 남자친구를 가질 수도 있었다. 여성의 유일한 '횡포'는 더 나은 섹스 상대의 선택이었지만 어쨌든 그것도 종족 보존이 목적이었으므로 탈락자에 대한 냉대나 소외로 이어지지는 않았다. 하물며 선택은 자유롭고 쌍방향적이었다. 강간도, 매음도, 감정적인 갈등도 없었다. 재산 분규도 없었다.

061

---

12 "남녀가 뒤섞여 놀고 중매나 약혼도 없었다男女雜游, 不媒不聘"는 것은 『열자列子』「탕문湯問」을, "어머니가 누구인지만 알고 아버지가 누구인지는 몰랐다但知其母, 不知其父"는 것은 『백호통白虎通』「호편虎篇」참고.

그러나 부계씨족은 그렇지 않았다.

물론 부계씨족은 엄격한 의미에서의 '권력사회'는 아니었다. 아마도 '반半 권력사회'나 '전前 권력사회' 정도로 부를 수 있을 것이다. 하지만 어쨌든 모계에서 부계로 변한 탓에 권력이 발명되었고 남성의 손에 생사여탈의 칼이 쥐어졌다.

사실 권력의 문제만 없었으면 씨족은 변혁이 필요하지 않았을 것이다. 그러나 권력이 일단 탄생하자 더 이상 브레이크를 걸 수 없게 되었다. 결국 수백 년, 아니 1000년에 걸쳐 모든 것이 달라졌다. 관리는 통치로, 소유는 점유로, 안배는 사주로, 배치는 노역으로 바뀌고 감옥, 군대, 정부, 국가가 연이어 발명되었다. 모성애적 사회는 어느새 남권사회로 바뀌어 오늘날에 이르렀다.

여와의 시대는 끝나고 항아의 좋은 시절도 지나가버렸다.

항아는 이때나 혹은 조금 더 늦게 여와가 인간을 창조한 곳에 조용히 가보았을지도 모른다. 그녀는 무엇을 보았을까? 하늘가의 핏빛으로 물든 구름 속에서 사방으로 빛을 발하는 태양이 흐물대는 금빛 공처럼 떠오르는 것을 보았을 것이다. 다른 한쪽에는 무쇠처럼 희고 차가운 달이 조용히 지고 있었겠고.

무쇠처럼 희고 차갑다는 표현은 정확히 달의 여신의 이미지와 성격을 말해준다.

아르테미스를 상상해보자. 호리호리한 몸매와 길고 가는 두 다리, **062**

잘록한 허리, 희디흰 피부를 갖고 있고 온몸이 눈부시게 빛난다. 또 속눈썹은 짙고 촘촘하며 눈빛은 맑고 영리해 보인다. 앙증맞은 붉은 입술, 위엄 있는 입 매무새도 빠뜨려서는 안 될 것이다. 실로 침범할 수도, 모독할 수도 없는 성스럽고 순결하며 차가운 아름다움이다.

그런데 무쇠처럼 희고 차가운 그 고고함은 부드럽고 너그러운 속마음과 공존하지는 않았다. 처녀의 수호신으로서, 또 독립과 자유의 상징으로서 아르테미스는 수많은 구혼자를 내쳤으며 사랑의 신에게 조종되지 않는 청춘 남녀를 비호했다. 혹시 권위를 경멸하고 세속사회에 반항하며 약자를 보호하는 것이 달의 성질이어서가 아닐까? 그래서 항아도 달로 도망쳤나보다.

하지만 이제 달은 자신의 딸과 작별의 키스를 나눠야 한다.

아버지에게 할머니가 있으면 아버지는 곧 어머니다.
남성이 권력을 잡자 숨어 있던 뱀은 하늘을 나는 용이 되었다.

제3장

복희의 함정

태양이 떠오르는 시간

천하제일의 요리사

밥줄을 쥔 사람이 권력도 쥔다

양가죽을 뒤집어쓴 뱀

사랑하라, 신의 이름으로

새벽 다섯 시

태양이
떠오르는 시간

늦봄이 가고 초여름이 왔다. 그리고 해가 떠오르기 전, 자욱하게 안개가 끼었다.

안개는 선사시대의 문화를 덮고 음모와 진실을 가렸다. 앞에서 우리는 후예가 해를 쏘아 떨어뜨린 뒤, 항아가 왜 달로 도망쳤는지 궁금해했다. 그곳에는 그녀의 애인도 없었는데 말이다. 우리는 아폴론이 왜 함정을 파서 아르테미스가 자신의 애인 오리온을 쏴죽이게 했는지도 잘 모른다. 오리온은 그의 정적도 아니었는데 말이다. 그러나 우리는 아폴론과 복희가 둘 다 태양과 관련이 있고 또 둘 다 뱀이었다는 것을 안다. 뱀이었던 건 인도의 비슈누도 마찬가지였다. 석가도 일찍이 뱀으로 표현된 적이 있다.

왜 하필 뱀일까? 뱀이 그렇게 좋은 이미지의 동물도 아닌데 말이다.

어떤 사람은 뱀을 좋아할 수도 있을 것이다. 뱀이 똑똑하고 냉정하 **066**

며 신비롭다고 느낄 수 있으니까. 또 어떤 사람은 추악하고 음흉하며 변태적이라고 싫어할 수도 있다. 하지만 더 중요한 것은 뱀과 개구리가 철천지원수라는 사실이다. 뱀은 일명 장충長蟲이라고도 한다. 그런데 개구리는 벌레蟲를 먹고 뱀은 또 개구리를 먹는다. 이러니 뱀과 개구리가 어떻게 사이좋게 지낼 수가 있겠는가?

따라서 여와가 뱀을 등장하게 하고 나중에는 스스로 뱀으로 변신하기까지 한 것에는 분명 원인이 있다.

그 원인은 꽤 복잡하고 여러 가지가 있다. 그중 가장 직접적인 동인은 남자들의 '문화혁명'이었다. 아마 이 혁명은 비폭력적이고 점진적이었을 것이며 혁명의 의식은 모호하고 흐릿했을 것이다. 그리고 이 혁명은 사전에 아주 오랫동안 무르익는 단계가 있었을 것이다. 그 배후에 경제적인 동기와 고려가 있었음은 물론이다. 하지만 어쨌든 간에 씨족의 남자들과 여자들은 결국 여성생식숭배만으로는 한참 모자라다는 것에, 반드시 생명 창조에서 남성의 작용을 인정하고 논리와 법리에 맞는 형식으로 그것을 긍정해야 한다는 것에 생각이 일치했다.

남성생식숭배가 시작되었다.

여기에는 상징물이 필요했고 뱀이 적당했다. 실제로 뱀은 음경과 비슷한 점이 많다. 평소에는 보기 힘들다가 가끔 섬뜩한 모습을 드러내는 것도 그렇고, 축 처져 있는 것 같다가도 필요할 때는 꼿꼿해지는 것도 그렇다. 물론 의심할 여지 없는 그 공격성도 빼놓을 수 없다.

067

그런데 남성의 상징은 뱀 이전에도 존재했다. 그것은 새였다.[1] 새를 숭배한 것은 뱀의 경우보다 일렀고 그 위치도 뱀보다 훨씬 높았다. 사실 지금까지도 새는 남성 생식기의 대명사다. 중국뿐만 아니라 세계적으로도 그렇다. 예를 들어 영국인들은 남자의 그것을 '수탉cock'이라고 부른다.

새와 뱀은 남성생식숭배의 문화적 상징이자 코드다.

당연히 태양도 같은 부류다. 더구나 태양에는, 달에 섬여라는 이름의 신성한 개구리가 있는 것처럼 신성한 새가 있다. 그것의 이름은 '금오金烏'다. 섬여는 여성을 상징하는 개구리이고 금오는 남성을 상징하는 새다. 그런데 금오는 다리가 세 개이고[2] 어떤 것은 등에 태양을 지고 있다. 이 '세 발 달린 새'가 있어서 남성들의 태양은 서서히 동녘에 떠오를 수 있고 끝 모를 머나먼 곳을 향해 날아갈 수도 있는 것이다.

달에는 개구리가 있고 태양에는 새가 있으니 별로 나쁠 것이 없다. 그 옛날 여와들은 아마 그렇게 생각했을 것이다. 심지어 여성을 대표하는 물고기여자와 개구리여자는, 남성을 대표하는 새인간과 뱀인간을 환영하고 함께 평화와 발전을 도모하려 했을 수도 있다. 하지만 안타깝게도 새는 자기 멋대로 지저귀고 날아다닌다. 통제가 불가능하다. 더구나 새 뒤에는 뱀이 도사리고 있다는 것을 그녀들은 생각지 못했다. 뱀은 어떻게든 개구리를 잡아먹으려든다. 그것은 시간문제일

---

1 뱀과 새는 모두 남성생식숭배의 상징이다. 자오궈화의 『생식숭배문화론』 참고. 새는 알을 낳기 때문에 상징물이 되었다. 원시인들은 새끼 새가 알에서 부화되어 나오는 것을 보고서 태아가 태막을 찢고 나오는 인간도 난생이라고 생각했다. 또한 섹스를 할 때 남자의 고환은 수축되어 올라가는데, 이것을 보고 사람들은 고환 속의 알이 여자의 자궁에 들어가서 새로운 생명이 잉태된다고 오해했다. 그래서 알이 많은 존재가 생식력이 가장 크다는 결론이 얻어졌다. 더구나 새는 솟아나왔다가 움츠러들었다가 하는 목의 동작이 음경과 매우 흡사하다. 이런 것들이 어우러져 하나의 체계를 이루었다.
2 금오의 다리가 세 개인 것은 두 다리 사이에 음경이 있기 때문이다.

뿐이다. 태양의 밝은 빛이 달을 가리기만 하면 뱀은 기필코 모성사회
를 남권사회로 바꾸고 영원히 권력을 안 내줄 참이었다.

산시성陝西省 취안후촌泉
護村에서 출토된,
먀오디거우 유형의
해를 등에 진 새의 무늬

허난성河南省
산현陝縣에서 출토된,
먀오디거우 유형의
세 발 달린 새의 무늬

한대 화상석에
그려진 세 발 달린 새

　부계씨족의 태양이 떠오를 시간이 되었다. 핏빛 구름 속에서, 고대
의 용암 속에서 꿈틀거리는 황금색 공 모양의 태양이 솟아나왔다. 그
밑에서는 금빛의 신성한 새가 거대한 날개를 펴고 웅장한 자태를 뽐
내며 날고 있었다. 그리고 다른 쪽에서는 쇠붙이처럼 차갑고 하얀 달
이 조용히 지고 있었다. 묵묵히 복을 비는지, 아니면 절망에 빠져 있
는지는 알 수 없었다.
　지금은 이미 알 도리가 없다. 태양을 지고서 나는 그 세 발 달린 새
가 과연 어디에서 왔는지 말이다. 바다에서 왔을까? 아니면 산속에
서? 뽕나무 숲에서? 모두 가능성이 있다. 그러나 어쨌든 파란 하늘
위에서 아래를 굽어보았을 때, 그 새는 인간의 머리에 뱀의 몸을 가

진 한 젊은이가 막 뒤쪽에서 무대 위로 올라가는 것을 보았다.

그 젊은이의 이름은 복희였다.

천하제일의
요리사

복희의 몸에서는 구운 양고기 냄새가 풍겼다.

당연히 여기에서 말하는 복희는 여와와 마찬가지로 특정한 사람이 아니라 하나의 기호다. 이 기호가 대표하는 것은 바로 부계씨족사회이고, 이 사회는 짧게 잡아도 1000년의 역사를 갖고 있다. 그러나 이 사회의 초기에든, 후기에든 그 사이에 얼마나 많은 대표자가 나왔든 간에 우리는 그들을 통틀어 복희라고 부르기로 하자. 그리고 이치상 그들은 모두 뱀신이었을 것이다.

그런데 이상하게도 복희가 태어난 날, 태양은 훤히 빛났지만 뱀은 보이지 않았다.

그렇다. 그림자조차 보이지 않았다.

여와女媧의 '와媧' 자와 마찬가지로 복희伏羲의 '희羲' 자는 일부러 만들어낸 글자로 보인다. 이 글자는 복희 외에도 희화, 희중羲仲, 희균羲

均 등 신화 속 인물들의 이름에 쓰이는데, 별도로 '냄새가 퍼진 상태'를 뜻하기도 한다.

그러면 무슨 냄새일까?

양고기 냄새다!

'희'는 분명히 양과 관련이 있다. 금문의 '희' 자는 위에 '양羊'이, 중간에는 '아我'가, 아래에는 '혜兮'가 있다. 혹은 위에 '의義'가, 아래에 '혜'가 있다. 이 글자에 '우牛'를 덧붙이면 제사용 동물을 뜻하는 '희생犧牲'의 '희犧' 자가 되기도 한다. 지금까지 양도 나오고 소도 나왔는데 뱀만 없다. 혹시 저 '혜' 자는 뱀이 빵소니를 쳐서 넣은 것은 아닐까?

금문의 '희羲' 자

여와는 '여와女蛙', 즉 암컷 개구리인데 복희는 '복사伏蛇', 즉 '숨은 뱀'이 아닌 것은 매우 이상한 일이다.

그러나 역시 복희는 뱀이며, 또 뱀이어야 한다. 여와는 복희 때문에 개구리에서 뱀으로 변했다. 만약 복희가 뱀이 아니라면 여와는 억울하게 성형을 한 셈이 된다. 그런데 혹시 복희도 성형을 한 것이라면 그건 누가 수술을 해준 것일까? 상고시대 문화는 정말 얽힐 대로 얽혀 복잡하기 그지없다.

사실 '희' 자는 본래 양과는 무관하다. 갑골문의 '희' 자를 보면 위가 '아', 아래가 '혜'다.

갑골문의 '희羲' 자.

'혜'는 구체적인 뜻이 없는 어조사이며 감탄을 표시하곤 한다. '아'는 여기서는 '자기'라는 뜻이 아니다. 무기로서 뜻은 '죽이다'이다.

갑골문의 '아我' 자.
무기 모양임을 뚜렷하게 알 수 있다.

따라서 갑골문의 '희'는 뜻이 '죽여라!'다.

누구를 죽이라는 걸까?

또 누가 죽이는 걸까?

이 미스터리를 풀려면 역시 거꾸로 추리해갈 수밖에 없다. 어디부터 시작할까? '희羲'다. 복희는 '포희庖羲'라고 부르기도 하기 때문이다. 포희의 '희'는 곧 희생의 '희犧'이며 희생의 '희'는 본래 복희의 '희羲'이다. 뱀 '사蛇' 자가 본래 '타它'였던 것처럼 말이다. 이것을 문자학에서는 '본자本字'라고 부른다.

'희犧'의 본자는 '희羲'이고 '사蛇'의 본자는 '타它'다. 나중에 '타'에 벌레 '충虫' 자를 편방偏旁으로 붙여 '사蛇'가 되었다. 왜 편방을 붙였을까? 강조를 하기 위해서였다. 마찬가지로 '희羲'는 희생이기 때문에 소 '우牛' 자를 붙였다. '희犧'와 '생牲'의 편방이 전부 '우'인 것을 유념해둬야 한다.

아무래도 복희는 희생과 관련된 인물인 게 틀림없다. 다시 복희의 별명인 포희라는 말로 돌아와보자. '포庖'는 요리사이며 '희羲'는 앞에서 말한 대로 희생이다. 희생은 바로 제사용 동물이다. 말, 소, 양, 돼지, 개, 닭 같은 가축을 말한다. 그중에서 단색의 것을 '희', 몸이 온전한 것을 '생'이라 하고 이를 합쳐 희생이라 불렀다. 가장 중요한 희생은 소와 양이었다. 제사 의식은 소가 있으면 태뢰太牢, 소가 없고 양만 있으면 소뢰少牢라고 했다. 아무래도 태뢰보다 소뢰를 많이 치렀는데, 양이 소보다 쌌기 때문이다. 그런데 돈을 더 아끼려 해도 양은 꼭 있어야 했다.

그래서 갑골문의 '희'에는 양이 없지만 금문에는 있는 것이다. 나중에는 소牛까지 덧붙여졌다. 위에는 양을, 옆에는 소를 덧붙여서 복희 혹은 포희는 비로소 자신의 정체성을 확실히 드러내게 되었다.

이제 답이 나왔다. 이 복희라는 뱀은 본래 요리사였던 것이다.

다만 복희 혹은 포희는 그냥 평범한 요리사가 아니라 '천하제일의 요리사'였다. 신에게 바치는 음식을 만들었기 때문이다. 신에게 음식을 대접하는 것은 고대에 가장 중요한 일이었다. 『좌전左傳』에서는 "나라의 큰일은 제사와 전쟁에 있다國之大事, 在祀與戎"고 했다. 전쟁에서는 사람을 죽이고 제사에서는 양을 죽인다.[3] 이러니 '희犧'는 '죽여라!'일 수밖에 없는 것이다.

따라서 여와의 시대에도 복희는 지위가 낮지 않았다. 사실상 여와의 위대한 발명이 생식숭배였다고 한다면 복희의 업적은 바로 신에게 음식을 대접하는 것이었다.

그런데 당시 사람들은 왜 신에게 음식을 바쳤을까? 설마 양이 남아돌고 곡식과 과일도 주체할 수 없이 넘쳐나서 그랬던 걸까?

당연히 아니다.

---

3 실제로 '제祭'는, 허신의 『설문해자』에 따르면 "손에 고기를 들고 있는以手持肉" 모양이므로 당연히 신에게 음식을 바치는 것이다.

밥줄을 쥔 사람이
권력도 쥔다

신에게 음식을 바친 것은 사실 함정이었다.

또 그런 함정을 만든 것은 상황에 몰려 어쩔 수 없었기 때문이다. 생식숭배가 과도한 사망률로 인해 생겨난 것처럼 말이다. 몹시 굶주려서 신에게 음식을 바쳤던 것이다.

당시의 생산력은 정말 보잘것없었다. 사람들은 끼니를 잇기도 힘들었으니 음식을 비축하는 것은 꿈에도 생각지 못했다. 일단 장기간 식량이 끊기면 종족 전체가 전멸의 위험에 빠졌다.

굶주림은 죽음의 여신의 달콤한 미소나 다름없었다.

어떻게든 방법을 마련해야 했다. 가장 실질적인 방법은 생산력을 높이는 것이었다. 그래서 사냥과 어획의 도구인 망고罔罟, 농기구인 사뢰耜耒 등 갖가지 생산도구가 연이어 개발되었다. 그것들은 과학기술의 진보에 이바지한 일등 발명품이었고 나중에 그 공은 복희와 신농 **076**

神農에게 돌아갔다. 당시의 복희는 사냥 도구와 어구, 농기구를 만드는 장인이자 그런 도구들을 사용하는 사냥꾼, 어부, 농민이었다.[4]

그런데 이것이 뱀과 무슨 관계가 있고 양과는 또 무슨 관계가 있을까?

양은 저절로 굴러들어오는 사냥감이다. 그래서 선사시대 사냥꾼들은 양을 가장 좋아했다. 멧돼지나 들소는 잡아 죽이기가 쉽지 않았다. 토끼와 들쥐는 무척 빨랐고, 물고기와 새우는 먹어도 허기를 채우기가 어려웠다. 그런데 양은 몸이 크고 고기가 많은 데다 무리를 지어 다니는 반면, 힘이 약하고 머리가 나쁘다. 머리만 쓰면 손쉽게 손에 넣을 수 있었다. 예를 들어 양으로 꾸민 채 양 떼에 숨어들어 양들을 포위망 안으로 유도했다고 해보자. 양은 멍청해서 무리를 따라가는 것을 좋아하니 함정에 안 걸려들 도리가 없었다.

이것은 어쩌면 인류 최초의 '변장'이었고 양으로 변장한 복희는 최초의 '양 인간羊人'이었다. 그다음에 벌어진 일은 훨씬 간단했다. 먹다 남은 양을 우리에 가둬 키우기 시작했고 사냥꾼 복희는 양치기 복희가 되었다.

한번 재미를 본 복희는 욕심이 커졌다. 그래서 더 큰 함정을 만들기로 결심했다. 이번에는 신들을 속일 작정이었다.

그것이 바로 신에게 음식을 바치는 것이었다.

이 함정은 사냥과 크게 다르지 않은 일이었다. 둘 다 먹고살기 위한 일이었으니까. 사실 먹을 것이 없거나 부족하면 남의 것을 빼앗기

077

---

4 원시시대에 생산력의 발전은 주로 남자들의 몫일 수밖에 없었다. 『주역』「계사繫辭 하」에 따르면 그중 뛰어난 인물 혹은 씨족의 대표로서 먼저 밧줄을 꼬아 망고를 만들어서 사냥과 고기잡이를 했던 복희가 있었고, 다음에는 나무를 베어 사뢰를 만든 신농이 있었다고 한다. 망고는 사냥 도구이자 어구이며 사뢰는 농기구다. 망고와 사뢰를 발명한 사람들은 장인이면서 동시에 그것들로 사냥을 하고, 고기를 잡고, 농사를 지은 사냥꾼 겸 어부 겸 농민이었다. 그때는 이미 목축업이 있었기 때문에 그들은 목동이기도 했을 것이다.

라도 해야 한다. 그것이 전쟁이었고 갑골문의 '희'에 해당된다. 아니면 구걸이라도 해야 하는데, 그것은 제사였으며 금문의 '희'에 해당된다. 그것의 의미는 생식숭배와 비교해 전혀 떨어지지 않는다. 생식숭배가 기원하는 것은 종족의 보존이며, 신에게 음식을 바치며 기원하는 것은 종족의 생존이다. 전자는 많은 자손을, 후자는 충분한 식량을 바란다. 또 전자는 장구한 미래를, 후자는 눈앞의 현실을 염두에 둔다. 과연 어느 것이 중요할까?

둘 다 중요하긴 하다. 하지만 당장은 먹는 문제가 더 절박하다.

신에게 음식을 바치는 것은 반드시 해야 할 일이었다. 산신, 하신河神, 숲과 나무의 요괴, 토지신 등은 산의 들짐승과 숲의 날짐승, 강의 물고기, 땅의 농작물을 주재하면서 자기들이 다 먹고 쓰지 못하는 것들을 충분히 인간들에게 나눠줄 여유가 있었다. 인간들은 단지 "원하는 것을 취하려면 먼저 그 원하는 것을 상대에게 줄 필요가 있다將欲取之, 必先予之"는 노자의 말처럼 신에게 음식을 올려 비위를 맞춰야 했다. 범증范增이 유방을 살해하기 위해 먼저 홍문鴻門의 연회를 열어야 했던 사실을 떠올려봐도 괜찮을 것이다.

확실히 그것은 복희의 일일 수밖에 없었다. 사냥 도구를 만들고 양 떼를 포획해온 그만이 신에게 음식을 바치는 주방장 겸 제사의 주재자가 될 자격이 있었다. 그래서 제사의식에서도 그는 머리에 양뿔을 달고 몸에는 양가죽을 걸친 채 '양 인간' 노릇을 해야 했다. 다만 이

때의 그는 사냥꾼이 아니라 제사장이었다. 아울러 그는 더 이상 갑골문의 희가 아니라 금문의 희였다. 금문의 희는 윗부분이 '의義'다. 또한 이 '의'는 '의儀'의 본자다. 즉, 위의威儀와 의식인 것이다.

갑골문의 '의義'   금문의 '의'

두 개의 글자 모양은 다 일목요연하다. 바로 무기我에 양羊을 덧붙인 꼴이다.
뜻은 양을 죽이는 것이거나 양을 죽이는 사람이다.
왜 양을 죽여야 했을까? 신에게 음식으로 바치기 위해서였다.

이제 복희의 비밀이 낱낱이 드러났다. 아울러 그의 지위가 크게 높아진 것도 확인할 수 있었다.

누구나 알고 있듯이 정권, 법률, 국가, 시민 같은 개념이 전무했던 원시시대에 종족 집단은 자연적으로 형성되었다. 그리고 그들의 연결고리는 혈연보다는 '공동의 식생활'이었다. 모자母子는 먹고 먹여주는 관계다. 형제는 같은 어머니 밑에서 먹고 자라는 관계다. 실제로 원시인류가 종족을 이뤄 함께 생활한 것은 단지 식량 문제를 해결하기 위해서였다. 따라서 누구든 밥만 먹여주면 보스 노릇이 가능했다.

어쨌든 밥줄을 쥔 사람이 권력을 쥐는 것이 정해진 이치다. 그래서 복희는 마침내 여와 위로 올라설 방법을 강구하기에 이르렀다.

양가죽을
뒤집어쓴 뱀

그 방법은 금세 확보되었다. 생육에서의 남성의 역할을 인정하고 그 것을 위한 제단을 짓는 것이었다.

그 제단은 홍산문화 유적지에서 이미 발견되었다. 다만 여성의 것은 둥글고 남성의 것은 네모나다. 이것은 우리의 주관적 느낌과도 맞아떨어진다. 남성은 좀 모나고 여성은 둥글고 매끄러운 이미지가 강하니까. 그래서 여와는 둥근 그림쇠를, 복희는 직각의 곱자를 손에 들고 있었나보다. 여자는 둥글고 남자는 네모났던 것이다!

그런데 예로부터 하늘은 둥글고 땅은 네모나다고 하지 않았던가?

하늘은 남성이고 땅은 여성이 아닌가?

그건 훗날의 관념일 뿐이다. 상고시대에는 그리고 여와의 시대에는 여성이야말로 하늘이고 남성은 땅이었다. 남성은 네모반듯한 제단이 생기고 어쨌든 한 자리를 차지하고서야 겨우 여성과 대등해질 수 있 **080**

었다.

이어서 복희는 홀쩍 뱀신蛇神으로 변했다.

복희는 어째서 뱀일까? '복伏'은 개狗와 관계가 있고[5] 앞에서 '희羲'는 양과, '희犧'는 소와 관계가 있다고 했지만 뱀은 아무 얘기도 하지 않았다. 대신 무기는 언급한 적이 있다. 복희의 또 다른 이름은 '복희伏戲'였다. '희戲'와, '희羲' 자 속의 '아我'는 모두 무기다. 그러면 그 뱀은 설마 제단 위 제기祭器들 속에 있던 무기의 반영에 불과한 것일까?

물론 그렇지는 않다.

복희가 뱀으로 변한 것은 훨씬 더 의미심장한 일이었다. 일종의 '문화혁명'이라고 할 만큼 대단한 사건이었다. 다시 말해, 갈수록 강력해지던 남성은 자신의 중요성을 부각시킬 필요가 있었다. 그래서 어두운 굴속에서 뱀을 불러내야 했던 것이다.

왜 하필 뱀이었을까? 뱀이 남성의 가장 강력한 상징이었기 때문이다. 새는 아무래도 조금 약했다. 그래서 씨족에서 부락, 이어서 국가에 이르기까지 뱀은 계속 일관된 역할을 하게 된다. 씨족시대에는 생식숭배의 상징으로서, 부락시대에는 토템으로서, 국가의 시대에는 선조로서 말이다. 다만 그전까지는 교활하게 몸을 숨기고 있다가 굴에서 나오면서 비로소 진면모를 드러낸다.

이처럼 복희는 본래 뱀이었다. 단지 양가죽을 뒤집어쓰고 있었을 뿐이다.

---

5 '복伏'은 갑골문에서 위는 '人'이고 아래는 '犬'이다. 허신은 『설문해자』에서 이 글자를 두고서 "사람을 따르고, 개를 따른다從人從犬"고 했다.

뱀신은 당시 정체를 숨긴 채 '양 인간'이 되어 있었다. 그는 '희羲'이고 '의義'이며 '미美'이기도 했다. '미'는 위가 '양羊'이고 아래는 '대大'다. 이 '대'는 사실 사람人이다. 사람은, 만약 큰 인물이면 정면으로 서 있는 모양의 '대大'를 쓴다. 보통 인물이면 옆으로 서 있는 모양의 사람 인 변, '亻'을 쓰고. 복희의 지위가 제법 높아졌음을 의미한다. 그러고 보니 '희羲'에서 '의義' 그리고 '미美'에 이르기까지 복희, 이 녀석은 한 단계씩 지위가 높아지는 과정에서 계속 양과 떼려야 뗄 수 없는 관계를 맺어왔다고 볼 수 있다.

양은 실로 대단한 존재였다!

그렇다. 양은 대단할 뿐만 아니라 상서로운 존재이기도 했다. 양은 고기를 먹을 수도 있고, 가죽을 입을 수도 있고, 배설물로 밭을 기름지게 할 수도 있었다. 또 뿔은 무기나 악기로 만들 수도 있었다. 이처럼 의식을 책임져주는 동물이 어떻게 대단하고 상서롭지 않을 수 있었겠는가? 또 머리에 양의 뿔을 매단 '양 인간' 복희도 어떻게 아름답지 않을 수 있었겠는가? 그러니 상고시대의 이 훈남이 끝내 우두머리가 된 것은 아주 당연한 일이었다.

참고로, 복되고 좋은 일이 있을 징조를 뜻하는 '길상吉祥', 이 두 글자는 고문자로 '길양吉羊'이라고 썼다. '양羊'은 '상祥', 바로 양의 뿔을 머리에 단 사람이었다. 그러면 무엇이 '길吉'했을까? '붉은 연꽃의 구슬紅蓮之珠'이 길했다. '붉은 연꽃'은 여성의 음부를 뜻한다. '붉은 연꽃의 구

슬'은 인도 불교의 마니摩尼나 중국의 보옥寶珠일 수 있는데 바로 음핵
이다. 이것은 꽃송이일 수도, 꽃술이나 꽃망울일 수도 있다. 그래서
신비의 육자진언六字眞言, '옴마니밧메훔'을 똑같이 6개의 한자로 번역하
면 '신神, 홍련지주紅蓮之珠, 길吉'이 된다.[6]

아, 붉은 연꽃의 구슬은 '길하고吉' 양의 뿔을 머리에 단 사람은 '상
서로우니祥' 이 '길상' 두 글자에서 복희가 대부분을 차지하는 것이다.

육자진언의 예술적 형상. 일본 나라현 호류 사에 있는 보주사리탑의
윗부분이다. 이 형상의 제일 아랫부분은 활짝 핀 연꽃인데 안에 탐스
러운 연밥을 담고 있다. 그리고 그 위는 불꽃을 뿜는 보옥이다. 보옥
속에는 다시 연꽃, 연밥, 보옥이 또 들어 있어서 천지 사물의 끝없는
생성과 생명 창조의 영원함을 상징한다.

이제 부계가 모계를 대신하게 되었다.

그런데 이 일은 매우 조용히 진행되었다.

모계사회 후기, 모닥불이 타오르고 어둠이 내렸을 때 제단 위에 올
라온 것은 여전히 여와 혹은 개구리 여인이었다. 그 모습과 장면을 우
리는 파푸아뉴기니의 개구리 인간 그림에서 이미 본 적이 있다. '삶과
죽음'의 이 '일급비밀'을 손에 쥔 개구리 여신이 자기가 우두머리인 게

---

6 육자진언, '옴마니밧메훔'이 '신神, 홍련지주紅蓮之珠, 길吉'로 번역된다는 것은 자오궈화의 『생식
숭배문화론』 참고.

당연하다는 듯 화면의 대부분을 차지한다. 그녀의 머리에 달린 장식물은 물고기와 새다. 각기 여성과 남성 생식숭배를 상징하면서 동시에 물고기 인간과 새 인간이 자신의 보좌역임을 표시한다. 그리고 사방에는 여성을 상징하는 꽃과 자손을 상징하는 별들이 있다.

한편, 남자들인 뱀 인간과 양 인간은 대부분 제단 아래에서 겨우 쟁반, 주발, 잔, 주전자, 단지 등의 토기를 간수하는 일을 맡고 있다. 당연히 그들은 눈앞의 토기 정鼎이 미래에 청동 재질로 변하여 국가와 정권의 상징물이 될 줄은 꿈에도 생각지 못했다. 또한 중원을 차지하기 위해 자신의 형제자매들이 어떠한 대가를 치를지는 더더욱 상상하지 못했다.

사랑하라,
신의 이름으로

제사의 클라이맥스는 모닥불 파티였다.

그것은 매우 필요했으며 심지어 필수 불가결했다. 사실 원시시대의
제사 의식은 규범적이거나 엄숙하지 않았다. 춤을 추고 노래를 부르
며 다 같이 하늘의 은혜를 받아들였다.

가무도 신에게 바치는 예물이었던 것이다.

예물은 당연히 풍성해야 했다.

우선 '희생'(육류)과 '자성粢盛'(곡식)을 바쳤다. 이 두 가지는 '두豆'에 가
득 담겼다. '두'는 고대의 제기로서 다리가 높은 소반과 비슷했고 어떤
것은 뚜껑이 있었다.

그다음은 '옥백玉帛'이었다. 다시 말해 옥과 비단이었다. 이것은 일종
의 보너스로서 역시 제기에 담겼다. 희생과 자성을 담은 제기와, 옥백
을 담은 제기를 겹쳐놓은 것이 바로 '풍豊', 다시 말해 '예禮'다.[7]

085

---

7 예禮가 제사에서 기원했다는 것은 이미 학계의 상식이 되었다. 이 글자의 윗부분은 옥이 가득 담
긴 제기다. 왕궈웨이王國維는 『관당집림觀堂集林』 「석례釋禮」에서 더 명확하게 "옥을 가득 담아 신
인에게 바치던 그릇盛玉以奉神人之器"이라고 했다.

갑골문의 '예禮'(풍豊)　　 금문의 '예'(풍)

　　물론 곡식과 육류를 신이 먹어치우지는 않는다. 물건도 가져가지 않고. 옥과 비단은 아마 반복해서 사용했을 것이다. 희생은 의식이 끝난 뒤 다들 나눠 먹었을 것이다. 그것을 '조육胙肉'이라고 불렀다. 나눠 먹는다고 해서 꼭 낭비라고 생각하지도 않았다. 왜냐하면 그 고기에는 이미 신의 축복이 깃들어 있었으니까. 그것을 나눠 먹는 것은 함께 태평함을 누리기 위해서였다.

　　희생과 자성은 먹는 것이고 옥백은 사용하는 것이며 가무는 보고 즐기는 것이다. 이것들을 신과 인간은 함께 누렸다. 신들이 그때의 모닥불 파티를 끝까지 지켜보았는지는 알 길이 없다. 아마 성찬을 맛보고 눈요기를 좀 하고는 만족한 채 하늘나라나 숲속으로 돌아가 곯아떨어지지 않았을까 싶다. 하지만 조육을 나눠 먹은 사람들은 아직 성에 안 찼는지 흥이 영 가라앉지 않았다. 어쨌든 신에게 음식을 바치는 일은 날마다 있는 행사가 아니었으니까. 명절의 분위기를 띤 그날은 마치 카니발과 같았다. 모닥불 파티는 툭하면 밤새 이어졌다.

　　그런데 사람들은 그때 어떤 춤을 추었을까? 칭하이성靑海省 다퉁현大通縣 쑨자자이孫家寨에서 출토된 도기 대야에서 우리는 그 장면을 볼 수 있다. 다섯 명이 서로 손을 잡고 머리를 한쪽으로 기울인 채 몸도 한쪽으로 꼬고 있다. 그들의 머리에서 날리는 것은 머리채로 보이고, 두 다리 사이로 솟구쳐 있는 것은 장식물인 듯하다.

칭하이성 다퉁현 쑨자이에서 출토된 무용 그림의 도기 대야.

아, 이것은 투자족土家族의 손짓춤이 아닌가? 아니면 나시족納西族의 모닥불춤 혹은 티베트족의 합창 군무일 수도 있다.

그럴 수도 있고 그렇지 않을 수도 있다.

아마 그것은 "세 사람이 소꼬리를 잡고 발을 구르면서 팔결(고대의 8가지 악곡)을 불렀다三人操牛尾, 投足以歌八闋"는 '갈천씨의 음악葛天氏之樂'이 었을 것이다.[8]

이런 원시 가무는 틀림없이 경건하면서도 야만적이고 근엄하면서도 열광적이었을 것이다. 그것은 선사시대 사람들이 장엄한 의식에서 구현한 생명의 활력이었다. 전설에 의하면 악기는 여와와 복희가 발명했다고 한다. 복희는 거문고를, 여와는 생황을 제작했다고 한다.

한편, 위 그림 속 인물의 두 다리 사이에 있는 장식물 같은 것이 무엇인지 주목할 필요가 있다.

8 『여씨춘추呂氏春秋』「고악古樂」

그렇다. 그것은 허리 장식이 분명해 보인다. 그런데 원시인의 이른 바 허리 장식은 지금까지 줄곧 의문의 대상이었다. 때로는 나무에서 딴 잎이기도 하고, 때로는 땅에서 주운 깃털이기도 했다. 어떨 때는 다람쥐와 들개의 꼬리를 쓰기도 했다. 이런 것들은 뭔가를 가리기보다는 장식하려는 성격이 강하다. 인류학 연구에서는 그것들이 무도회 전용으로 쓰였다고 설명한다.

그것은 사실 뭔가를 가리는 시늉을 하면서 오히려 더 드러내는 기능을 수행했다.

이제 어렵지 않게 상상이 된다. 어렴풋한 달빛 아래, 일렁이는 불빛 속에서 벌거벗은 몸들이 미친 듯이 흔들리고 빠르게 돌아간다. 그런데 그 몸에서 오직 한 부분이, 흔들거리는 장식용 술 사이에서 번뜩이며 청춘 남녀들의 욕망을 자극한다.

따라서 파티는 "이 밤을 잊지 말아요!"라고 다 같이 합창하며 끝나지는 않았을 것이다. 아마 삼삼오오 으슥한 숲속으로 가서 사랑을 나누었을 가능성이 높다. 성질 급한 이들은 그 시간이 될 때까지 기다리지도 못했을 것이다.

사랑하라, 신의 이름으로.

사랑하라, 신 앞에서.

이것이 바로 상고시대의 예악이었다. 신의 성대한 파티, 사랑의 성대한 파티였다.

이것은 별로 놀랄 일이 아니다. 그 시대, 음식과 남녀는 본래 같은 사안의 서로 다른 면, 같은 목표의 서로 다른 수단이었다. 그 목표와 사안은 바로 생존과 발전이었고 신은 당연히 찬성이었다.

생존과 발전이야말로 제사 의식과 모닥불 파티의 테마였다.

새벽
다섯 시

모닥불 파티에서 우위를 보인 쪽은 의심할 여지 없이 복희였다.

이것은 조금도 이상한 일이 아니다. 원시시대 무도회의 고수는 언제나 남자였으니까. 부계씨족사회의 초기에도 짝을 고를 권리는 여전히 여성에게 있었다. 아무리 대단한 남자도 억지로 어떻게 해볼 도리가 없었다. 그저 뛰어난 공연으로 여자들의 마음을 사로잡아야 했다. 소리 높여 노래를 부르고 나풀나풀 춤을 추는 것이 효과적인 수단이었던 것이다.

따라서 쑨자자이에서 출토된 도기 대야의 무용수는 모두 남자다. 높이 솟구친 그 '장식물'은 사실 음경인 것이다. 물론 진짜는 아니고 대체물이었다.

쑨자자이에서 출토된 무용수 그림의
확대 형태.

쑨자자이에서 출토된 그 도기 대야는 고고학적으로 마자야오 유형
에 속한다. 같은 유형의 채도 무늬 중 가장 두드러진 것은 대량의 개
구리 무늬와 올챙이 무늬다. 그러므로 그 춤은 여와 시대의 것이다.
또한 손을 맞잡은 그 무용수들은 분명히 수컷 공작이 한껏 꼬리를
펴고 흔드는 것처럼 춤 솜씨를 과시하며 구애하던 새 인간과 뱀 인간
이었을 것이다.

그들과 비교해 복희 시대의 양 인간은 훨씬 강력했다.

우선 그는 힘이 셌다. 씨족의 중요한 정책 결정은 이미 그의 한마디
에 달려 있었다. 다음으로, 그는 돈줄을 손에 쥐고 있었다. 씨족의 재
정과 예산도 그의 한마디로 결정되었다. 마지막으로 그는 '아버지'였
다. 씨족의 새로운 구성원의 성과 이름을 정하는 것 역시 마찬가지로
그의 뜻이 절대적이었다. 이것들은 모계가 부계로 전환된 것을 알려
주는 세 가지 큰 변화였다.

이 당시의 남자들은 기세가 하늘로 치솟고 구애도 자신만만했다.

물론 양 인간도 여러 종류가 있었다. 가장을 하고 양떼에 숨어든
것은 사냥꾼이었고 아가씨들에게 사랑을 받았다. '의義'면 제사장으로

서 아가씨들에게 존경을 받고 '미美'면 큰 인물로서 아가씨들의 숭
배 대상이었다.

갑골문의 '미美'　　금문의 '미'

'미美'는 한대의 허신許慎으로부터 시작해 역대로 '양이 크다羊大', 즉
"양이 큰 것이 미다羊大爲美"로 해석되었다. 그러다가 현대에 와서 샤오
빙蕭兵이 "양 인간이 미다"가 틀림없다고 지적했다. 샤오빙의 해석이
옳다. 글자 모양을 보면 알 수 있는데, '미'는 위가 '양羊'이고 아래는
정면으로 선 '인人', 즉 '대인大人'이고 '양의 뿔을 단 사람'이다. 역시 복
희의 형상 중 하나다.

그럼 '희羲'면?

만인의 연인으로서 뭇 숙녀의 마음을 설레게 하여 기꺼이 몸을 허
락하게 만들었다.

왜 희가 가장 매력적이었을까?

오직 희만이 '양가죽을 뒤집어쓴 뱀'이었기 때문이다. 또 오직 희
만이 후끈거리는 고기 냄새와 차가운 살기를 겸비하고 있었기 때문
이다. 아, 물론 '의義'에도 '양'과 '아我'(무기)가 있다. 그러나 의는 위의와

의식으로 변한 뒤로는 양쪽 측면 모두 많이 약해져서 희에 비길 수 없게 되었다. 희만큼 강함과 부드러움이 서로 돕고 의미가 깊으며 미래가 유망하지는 못했다.

역사를 한번 돌아보자.

앞에서 이브의 혁명의 성과는 인간이 벌거벗은 몸으로 직립하게 된 것이라고 했다. 그리고 여와의 문화적 공로는 생식숭배라고 했다. 생식숭배는 '성 숭배'가 아니다. 아이를 낳고 키우는 것이 목적이지 남녀 간의 사랑이 목적은 아니니까. 하지만 이것은 절대 이브 이전으로의 후퇴를 의미하지는 않는다. 반대로 생식숭배는 인류 고유의 성을, 순전히 자연적인 삶에서 통제 가능한 문화로 변화시켰다. 그 덕분에 복희는 여와에게서 깃발을 건네받아 자신의 낙인을 찍을 수 있었다.

복희의 낙인은 바로 남성의 권력 장악이었다.

일단 남성이 권력을 장악하기만 하면 생식숭배는 토템숭배로, 모성사회는 남권사회로, 잠복해 있던 뱀은 하늘을 나는 용으로 변했다. 그것은 부락시대의 전야였다.

그전의 기나긴 세월 속에서 신화와 전설을 장식했던 세 대표자를 떠올려보자. 원시공동체를 대표하는 이브는 원숭이에서 인간으로의 전환을 의미하며 벌거벗은 원숭이의 이미지로 표현되었다. 모계씨족을 대표하는 여와는 자연에서 문화로의 전환을 의미하며 물고기, 개구리, 달의 이미지로 표현되었고 부계씨족을 대표하는 복희는 모성에서 남권으로의 전환을 의미하며 새, 뱀, 태양의 이미지로 표현되었다.

부락시대 이전의 세 대표자

	대표자	의미	이미지
원시공동체	이브	원숭이에서 인간으로	벌거벗은 원숭이
모계씨족	여와	자연에서 문화로	물고기, 개구리, 달
부계씨족	복희	모성에서 남권으로	새, 뱀, 태양

이 3단계 전환이 완료된 뒤에는 복희도 물러나게 된다. 그리고 씨족사회가 끝나고 부락시대가 시작되는 것이다.

지금은 새벽 다섯 시, 이 밤에 작별을 고할 시간이다.

야만시대 초기의 후반부는 격정이 타오르는 세월이었다. 중국 민족의 선조들은 어렵게 가시밭길을 걸으면서도 비범한 상상력과 창조력을 발휘했다. 그것은 봄의 이야기였다. 여자들은 꽃봉오리를 피우려 했고 남자들은 동녘에 솟아오르는 태양 같았다. 그들은 도구, 샤머니즘, 생식숭배, 제사 의식, 원시 가무와 인체 장식 등 여러 문화와 문화적 모델을 창조했다. 게다가 전통적인 견해에 따르면 복희 시대에는 최초의 문화적 코드인 팔괘八卦까지 만들어져 음양陰陽이라는 최초의 철학적 개념이 탄생했다.

그리고 이때까지 복희는 아직 양이었지만 조만간 소로 변하게
된다.

소로 변한 복희는 바로 염제였다.

뱀이 두 번째로 등장한 후, 부락의 시대가 시작되었다.
염제는 그 시대의 막을 올리기 위해 소 토템의 기치를 높이 올렸다.

제4장

염제의 동방정벌

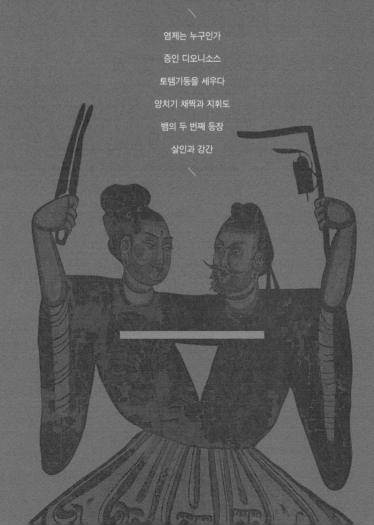

염제는
누구인가

염제는 복희의 뒤를 잇기까지 분명 먼 길을 걸어왔을 것이다.[1]

후계자 염제의 이력은 확실치 않다. 그가 바로 신농이었을까? 모르겠다.[2] 그럴 수도 있고 아닐 수도 있다. 황제와 동시대인이었을까? 역시 모르겠다.[3] 누구는 그렇다고 하고, 누구는 다음 시대 사람이었다고 한다. 이처럼 복잡하게 얽힌 문제들은 사마천조차 명확히 풀 도리가 없었다. 그가 택한 방법은, 「오제본기五帝本紀」에 글을 써서 신농을 지나간 시대, 즉 삼황三皇의 시대로 간주하는 한편, 염제를 황제와 같은 시대로 이야기하면서도 전기는 써주지 않은 것이다. 사실상 문제를 그냥 남겨둔 채 황제는 확실하게 오제 중 첫 번째 인물로 넣었다.

이 방법은 엄밀하긴 하지만 문제의 해결책은 될 수 없다. 염제는 오

---

1 복희의 후계자인 염제에 대해 청대의 오병권吳秉權은 『강감역지록綱鑑易知錄』에서 "염제가 불의 덕으로 복희씨를 대신해 천하를 다스리자 그 풍속이 순박하고 성실하게 되었으며 다툼이 없으면서 재물이 풍족했다. 법령을 제정하지 않아도 백성이 따르고, 위엄을 높이되 사형을 시행하지 않았고, 법령이 간소하되 번잡하지 않았다. 이에 남쪽으로는 교지交趾(오늘날의 베트남)에 이르고, 북쪽으로는 유도幽都(대지의 여신 후토后土의 신하 토백土伯이 다스렸다는 전설상의 지역)에 이르고, 동쪽으로는 탕곡湯谷(해가 떠오른다는 전설상의 지역)에 이르고, 서쪽으로는 삼위三危(오늘날의 둔황)에 이르도록 그 교화에 감화되지 않는 곳이 없었다炎帝以火德代伏羲治天下, 其俗朴, 重端愨, 不岔爭而財足, 無制令而民從, 威厲而不殺, 法省而不煩, 於是南至交趾, 北至幽都, 東至湯谷, 西至三危, 莫不從其化"라고 말했다.

제가 아닐 수도 있고, 신농이 아닐 수도 있지만 어쨌든 무엇이기는 해
야 하니까. 이렇게 중요한 시조를 아무것도 아닌 채로 놔둘 수는 없
는 것 아닌가.

'오제'가 아니면 '삼황'일 수밖에 없다.

삼황도 마찬가지로 뒤죽박죽이다. 애초에 지어낸 것이어서 그렇다.[4]
춘추시대에는 '오패五霸'밖에 없었고 맹자는 '삼왕三王'(하夏의 우禹, 상商의
탕湯, 주周의 문왕文王)을 제시했다. 그리고 순자에 와서 '오제'가, 이어 여
불위呂不韋에 와서 '삼황'이 생겨났다. 삼황, 오제, 삼왕, 오패는 어떤 획
일성이 느껴져서 그 자체로 의심스럽다. 먼저 삼왕이 있다가 오제가
생겼고, 먼저 오제가 있다가 삼황이 생겼다. 옛날 인물일수록 더 늦게
나타난 것도 의심스럽다.

더구나 『순자』에는 알맹이 없는 오제만, 『여람呂覽』에는 알맹이 없는
삼황만 있다. 『장자』의 삼황오제는 알맹이가 없는 것을 넘어, 해당 부
분을 누가 썼는지도 모른다. 삼황이든 오제든 대체 그들이 누구인지
사실 아는 사람이 없었던 것이다. 순자 등이 남긴 것은 괄호 넣기 문
제나 다름없다.

마구잡이식 조작은 삼황이 누구인가에 대한 견해만 여섯 가지나
되는 결과를 낳았다.[5] 그중 그나마 합리적인 것은 복희, 여와, 신농이

2 염제가 곧 신농이라는 것은 『회남자淮南子』「시칙훈時則訓」 고유高誘 주注의 "염제는 소전의 자
식으로 신농이라 불리며 남쪽 불의 덕의 제왕이다炎帝, 少典之子, 號爲神農, 南方火德之帝也"라는
구절 참고.
3 염제가 황제와 같은 시대에 살았다는 것은 『역사繹史』 제5권에서 『신서新書』를 인용하여 쓴 "염
제는 황제와 어머니가 같고 아버지가 다른 형제로서 둘은 각기 천하의 반을 차지했다炎帝者, 黃帝
同母異父兄弟也, 各有天下之半"라는 구절 참고.
4 삼황오제가 지어낸 이야기라는 것은 구제강顧頡剛의 『중국상고사연구강의中國上古史研究講義』 참고.

다. 그러나 여와가 복희보다 뒤일 수는 없다. 신농을 염제와 동일시할 수는 있어도 말이다. 만약 염제가 "불의 덕으로 복희를 대신해 천하를 다스렸다以火德代伏羲治天下는 것을 인정한다면 복희의 뒤, 황제의 앞은 마땅히 염제다.

사실 어떤 도그마에 얽매이지만 않으면 문제는 자연히 풀릴 수도 있다. 예를 들어 여와, 복희, 염제 혹은 신농을 오제 이전의 세 대표자로 간주하면 그들을 '삼황'이라고 부르든 부르지 않든 상관이 없다. 이래서 하나라 이전의 역사는 다음과 같이 말할 수 있다. 즉, 여와는 모계씨족을, 복희는 부계씨족을, 염제는 초기 부락을, 황제는 후기 부락을, 그리고 요순堯舜은 부락연맹을 대표한다.

이것은 매우 확실한 주장이다. 삼황이 천황天皇, 지황地皇, 인황人皇이라는 사마천의 견해조차 이에 따라 새롭게 해석될 수 있다. 여와는 천황, 복희는 지황, 염제는 인황이며 여와는 둥근 하늘, 복희는 네모난 땅, 염제는 방원方圓, 즉 둥근 바깥과 네모난 안쪽으로 표현된다. 물론 신화적 인물로서 그들은 모두 반인반수였다. 여와가 개구리, 복희가 뱀이었던 것처럼 말이다.

그러면 염제는 무엇이었을까?

소였다.[6]

5 삼황에 대한 견해에는 천황天皇, 지황地皇, 태황泰皇(『사기』 「진시황본기」)과 천황, 지황, 인황人皇(『사기』 「보삼황본기補三皇本紀」)과 복희, 여와, 신농(『풍속통의風俗通義』 「황패皇覇」에서의 『춘추위운두추春秋緯運斗樞』 인용)과 복희, 신농, 축융祝融(『백호통白虎通』)과 복희, 신농, 공공(『통감외기通鑒外紀』)과 수인燧人, 복희, 신농(『풍속통의』 「황패」에서의 『예위함문가禮緯含文嘉』 인용)이 있다. 뒤의 네 가지에는 모두 복희와 신농이 들어 있다.
6 염제가 소라는 것은 『역사』 제4권에서 『제왕세기帝王世紀』를 인용해 쓴 "염제 신농씨는 몸은 사람, 머리는 소였다炎帝神農氏人身牛首"라는 구절 참고.

정확히 말하면 소이기도 하고 양이기도 했다. 왜냐하면 성이 '강姜'이었기 때문이다. 물론 성이 강이라고 해서 반드시 양이었다고는 할 수 없다. 『국어國語』「제어齊語」에서는 염제가 성이 강인 것은 강수姜水에 살았기 때문이라고 말한다. 황제의 성이 '희姬'인 것이 희수에 살았기 때문인 것처럼 말이다. 희수는 지금의 산시성陝西省 우궁현武功縣의 치수이강漆水河다. 강수는 같은 산시 성 바오지시寶鷄市의 칭장강清姜河이고. 이렇게 말하고 보니 염제와 황제는 다 산시 지역 사람이다. 정말 둘은 형제였다고 생각할 수도 있겠다.[7]

아쉽게도 이렇게 확실해 보이는 결론은 오히려 더 미심쩍게 마련이다. 더구나 『국어』는 『삼국지연의三國志演義』만큼이나 신빙성이 떨어지는 책이다.[8] 그나마 믿을 만한 주장은 강성姜姓이 본래 서융西戎 강족羌族의 한 줄기로서 나중에 유목을 위해 중원에 들어왔다는 것이다.[9] 강족은 서융의 양을 치던 종족이니 양 인간이었던 게 맞겠다.[10]

강족은 양 인간이었고 복희도 양 인간이었다. 양 인간이 양 인간의 뒤를 이었다고 보는 것이 합리적이다.

그런데 염제가 양 인간이었다면 어째서 소의 머리에 인간의 몸을 가졌을까? 그리고 복희는 양이면서 뱀이었는데 왜 소가 뒤를 이은 걸까? 더구나 염제는 서쪽의 융족戎族이었고 복희는 동쪽의 이족夷族이

101

---

7 염제와 황제의 성은 『국어』「진어사晉語四」의 "옛날에 소전이 유교씨有蟜氏를 아내로 맞이하여 황제와 염제를 낳았으니 황제는 희수姬水로 성공하고 염제는 강수姜水로 성공했다. 성공하여 덕이 달랐으므로 황제는 희성이 되고 염제는 강성이 되었다昔少典娶於有蟜氏, 生黃帝·炎帝. 黃帝以姬水成, 炎帝以姜水成. 成而異德, 故黃帝爲姬, 炎帝爲姜"라는 구절 참고.
8 『국어』에서 말하는 역사적 사실의 신빙성이 『삼국지연의』 정도라는 것은 구제강의 『중국상고사연구강의』 참고.
9 강성姜姓이 본래 서융 강족의 한 줄기로서 나중에 유목을 위해 중원에 들어왔다는 것은 판원란范文瀾의 『중국통사』 참고.
10 강족이 "서융의 양치기西戎牧羊人"였다는 것은 허신의 『설문해자』 참고.

거나 남쪽의 만족蠻族이었다.[11] 염제가 복희를 계승한 것은 아무래도 조리가 없어 보인다.

이 문제 역시 이렇게 의문투성이다.

다행히 누군가 증언대에 올라와 이 모든 것을 해명하고 싶어한다. 그는 바로 고대 그리스의 주신酒神 디오니소스다.

---

11 복희가 동쪽의 이족이거나 남쪽의 만족이었다는 것에 대해서는 학계에서 논쟁이 있지만 여기에서는 논의하지 않겠다.

증인
디오니소스

디오니소스는 포도나무, 산양, 수소라는 세 가지 이미지를 갖고 있다.[12]

주신이 포도나무인 것은 그리 이상하지 않지만 산양과 수소인 것은 설명이 필요하다. 동서양 문화에서 양과 소는 모두 생식능력이 강한 동물로 간주된다. 소의 생식기인 우편牛鞭과 한방 약재로서 삼지구엽초의 다른 이름인 음양곽淫羊藿은 고대 중국의 비아그라였다. 게다가 고대 그리스의 숲과 목동의 신인 판은 산양의 뿔과 꼬리와 두 다리를 가진 성욕의 화신이었다. 고대 중국의 가장 중요한 제물이 양과 소였던 데에는 다 이유가 있었던 것이다. 소와 양을 바쳐 제사를 올리면 식량과 생식이 다 보장되었다. 한마디로 일거양득이었던 셈이다.

디오니소스의 수소 이미지는 아마 그런 뜻이었을 것이다. 디오니소스를 위해 열렸던 축제에서 양 인간과 말 인간이 몇 명씩 모여 합창

---

12 디오니소스의 세 가지 이미지와 관련된 전설은 프레이저의 『황금가지』 참고.

을 했던 것도 그런 뜻이었을 것이다. 고대 그리스의 회화에서 그런 사람들의 음경이 하나같이 불끈 솟아 있는 것만 봐도 알 수 있다.

결국 소와 양, 말은 다 남성생식숭배의 상징이다.

그런데 이것도 뱀과 관계가 있을까?

당연히 관계가 있다. 디오니소스는 뱀으로 변한 제우스가 세멜레와 정을 통해 낳은 아이이기 때문이다. 이 사건은 사실 신들의 왕이 자신의 생식능력을 분리해 또 하나의 독자적인 신으로 만든 것이다. 그래서 디오니소스의 신상은 섹스를 상징하는 무화과나무를 깎아 만든다. 또, 같은 이유로 디오니소스는 머리에 긴 뿔을 단 채 태어났다.

뿔은 고대 그리스에서 역시 남성 생식기의 상징이었다. 그래서 디오니소스는 불가피하게 산양과 수소로 변해야 했다. 산양으로 변했던 것은 아버지 제우스의 안배였다고 한다. 그의 아내 헤라의 분노를 피하기 위해서였다. 표면적으로 헤라의 분노는 제우스가 외도를 한 데다 다른 여자에게 애까지 낳게 했기 때문이었다. 그러나 사실 그녀는 권력을 지키려고 한 것뿐이다. 고대 그리스에서도 생식숭배는 처음에는 여성의 전유물이었으니까. 그런데 갑자기 그것을 빼앗아가려는 존재가 나타났으니 그녀가 어떻게 분노하지 않을 수 있었겠는가? 아내로서의 질투는 부차적인 문제였다.

그러나 생식숭배는 이미 여성에서 남성으로 확장될 운명이었기 때문에 생식과 섹스를 책임지는 남신은 필연적으로 탄생할 수밖에 없었다. 누구도 그것을 막을 수 없었다. 결국 디오니소스는 산양으로, 또 수소로 변했다. 그의 형상은 인간이었지만 소가죽을 걸치고 소머리와 소뿔을 가졌으며 소의 발굽을 등 뒤로 늘어뜨렸다. 그야말로 염제와 판박이였다고 할 수 있다.

제우스는 뱀으로 변하여 산양 혹은 수소인 디오니소스를 낳았다. 이로써 뱀이 양으로, 양이 소로 변할 수 있었다는 것을 알 수 있다.

그런데 이 과정은, 중국에서는 다소 복잡했다.

뱀, 양, 소 세 단계로 구성될 뿐만 아니라 세 지역, 세 종족으로 표현되었다. 뱀은 동쪽의 이족이나 남쪽의 만족이고 양은 서쪽의 강족이며 소는 중원에 온 염제족이었다. 염제는 강족의 한 갈래지만 원시시대 강족과 일치한다고는 볼 수 없다. 그리스인이 아리아인의 한 갈래이면서도 아리아인과 일치하지는 않는 것처럼 말이다.

더구나 우리는 그 강족의 대표자가 누구인지도 모른다. 다만 복희라는 뱀에서 염제라는 소에 이르는 과정 중간에 틀림없이 강족의 양이 있었을 것이라고 단정할 수는 있다.

그는 이름 없는 영웅이다.

실제로 강족의 강羌은 양 인간, 즉 양치기다. 그러면 강姜은 양 여자, 즉 양치기 여자가 된다. 강羌의 갑골문은 위에는 두 갈래 양뿔이고 아래는 옆으로 서 있는 사람이다. 정면으로 서 있는 큰 인물이 아

105 니므로 당연히 이름이 전해지지 않거나 이름을 숨길 수밖에 없었을

것이다. 이런 까닭에 그는 미美가 아니라 강羌이었다.

강羌은 위가 두 갈래 양뿔이고 아래는 임산부다. 하지만 이것 역시 미美가 아니고 강일 뿐이다. 강은 바로 양 여자가 낳았다. 엄마가 성이 강이면 당연히 자녀도 성이 강이다. 강은 양 엄마의 양 아이인 것이다.

금문의 '강羌'   금문의 '강姜'

그러고 보니 성姓조차 여성이 낳은 것이다. 그래서 가장 오래된 성은 모두 여자 쪽을 따르는 모성母性이다. 염제의 강과 황제의 희가 다 그렇다.[13] 바꿔 말해 성은 모계다. 씨氏는 부계. 씨족사회는 마땅히 '성족姓族사회'라고 불러야 하며 염제도 본래 강족姜族 출신인 것이 틀림없다.

그렇다면 강족姜族이 어째서 강족羌族으로 변한 걸까?

천지가 뒤바뀌고 세상의 도가 변했기 때문이다. 여와가 개구리에서 뱀으로 변한 뒤부터 역사는 다시 씌어졌다. 심지어 진실과 거짓이 완전히 바뀌었다.

---

13 가장 오래된 성들은 모성이며 여자 쪽을 따른다. 예를 들어 강(염제), 희(황제), 요姚(순), 규嬀(순의 후손), 사姒(하족夏族), 융姈(고신高辛의 왕비이자 상족商族의 어머니)이 다 그렇다. 이밖에도 후손이 적어서 잘 알려지지 않은 것들로 작妁, 여如, 호好, 묘妙, 임妊, 유妞, 괴媿, 노嫪가 있다.

토템기둥을
세우다

앞에서 인류사회의 발전은 원시공동체에서 시작해 순서대로 씨족, 부락, 부락연맹, 국가로 이어졌다고 말한 바 있다. 이것은 곧 점에서 면, 편片, 권圈, 국國으로의 확장이라고도 했다. 그중에서 어떤 것은 제자리에서의 확장이었다. 이브가 여와로 변한 것이 그랬다. 또 어떤 것은 이동과 함께 성질이 변했다. 강족羌族이 염제족이 된 것이 그랬다. 성질이 바뀌면 이름은 고쳐지게 마련이다. 따라서 강족羌族과 강인羌人은 본래 강족姜族이나 강인姜人으로 불렸을 가능성이 있다. 강姜과 강羌이 본래 같은 글자였을 가능성도 있고 말이다. 그런데 모계에서 부계로의 변화를 명확히 하기 위해 남성의 강羌으로 여성의 강姜을 대체해야만 했다. 서쪽 지역에서 중원으로 들어온, 부락시대의 그 종족이 염제족으로 이름을 고치게 되는 것처럼 말이다.

107　　염제가 되긴 했어도 다행히 아직 성은 강姜이었다. 이것은 무슨 강

수姜水 때문이 아니라 그 양치기 여자 때문이었다.

아득한 시대, 아득한 곳에 살았던 그녀는 아름다운 소녀이자 위대한 어머니였다. 그녀의 위대함은 종족의 생존과 발전을 위해 의연히 권력을 내놓은 데 있다. 강인姜人은 그제야 강족姜族이 되었다. 강족의 일파였던 염제도 그제야 혁신을 이뤄 종족의 상징을 양에서 소로 바꿀 수 있었다.

소와 양, 그리고 뱀은 무엇이 다를까?

뱀은 생식숭배, 소는 토템숭배, 양은 과도기다.

토템이란 무엇일까? 원시종족에게 토템은 곧 국호이자 국기, 국가의 상징과도 같았으며 공동의 조상이자 정체성이기도 했다. 예를 들어 어떤 종족 집단이 매를 토템으로 삼았다면 그 종족의 성원들은 모두 자신들이 신성한 수컷 매의 자손이며 종족의 이름도 '응족鷹族'이라는 소리를 듣고 자랐을 것이다. 그들의 추장은 '매의 후계자'로서 머리에 매의 깃털을 꽂고 매부리코여야 하며 그들은 몸에 매의 문신을 그려야 했을 테고 말이다. 또한 그들의 깃발에는 수컷 매가 그려져 있고 촌락 입구에는 일명 '토템기둥'이라고 하는, 매의 머리를 새긴 기둥이 세워져 있었을 것이다. 정기적으로 혹은 명절 때마다 그들은 그 토템기둥을 에워싼 채 매 피리를 불고 매 춤을 추었다. 파미르 고원 타쉬크루칸의 타지크인들처럼 말이다.[14]

형형색색의 동물 분장을 한 이들이 줄줄이 등장한 것은 다 그럴

---

14 토템totem은 본래 북아메리카 오지브와족의 말로서 '그의 친족'이라는 뜻이다. 토템제도와 토템숭배의 기본 교의는 종족 집단의 모든 성원이 혈연관계가 가깝든 멀든 모두 동일한 조상에서 기원한다는 믿음이다. 이 동일한 조상은 남성이며 인간이 아니다. 그것들은 대부분 동물이며 소수는 식물, 극소수는 자연현상이다. 하지만 모두 예외 없이 신성하고 신비롭다.

만한 이유가 있었던 것이다. 하지만 원시종족의 이 토템들은 사당의 잡신 따위가 아닌, 권위 있는 존재들이었다. 예를 들면 고대 이집트와 그리스의 늑대와 매, 고대 로마의 말과 들고양이, 황제가 거느렸던 곰, 비羆(큰 곰), 비휴貔貅(곰과 범을 섞은 전설상의 맹수), 호랑이, 그리고 소호少昊가 거느렸던 봉조鳳鳥, 현조玄鳥, 청조靑鳥, 단조丹鳥, 사족畬族과 요족瑤族의 반호盤瓠 등이다. 물론 뱀도 포함된다. 단지 뱀은 나중에 용으로 변하여 더 이상 생식숭배의 상징물이 아니라 중국 민족 최고의 토템이 된다.

그러면 토템이 생기고 나서 어떤 일이 벌어졌을까?

천하가 여자들의 것에서 남자들의 것으로 변했다. 동물이든 식물이든 자연현상이든 세계 각 민족의 토템은 모두 남성적인 존재, 다시 말해 종족 집단의 조상 모신母神을 신비롭게 잉태시킨 남신이었기 때문이다.

이것은 당연히 가능한 일이었다. 어쨌든 여성을 임신시키는 것은 남성일 수밖에 없으니까. 따라서 어떤 신을 만들어 토템으로 삼은 것은 사실 남성의 신격화인 동시에 남성의 생식작용을 신성화, 신비화한 것이었다. 또, 그랬었던 목적은 단 한 가지, 남성의 지위를 높이는 것이었고 말이다. 다시 말해 과거에 부하였던 자가 지금 주인이 되려고 한 것이다. 이 때문에 우선 신을 사칭했다가 재미가 들렸다고도 말할 수 있다. 그러다가 나중에 남자들의 세계가 완전히 확고해졌을 때, 토템들은 일제히 역사의 무대에서 내려와 흔적도 없이 사라진다.

토템의 작용은 위와 같이 일목요연하게 정리된다.

그런데 태양에 금오金烏가 생기고 제단 위에 뱀신이 나타난 뒤로 남성의 지위는 이미 상당히 높아졌는데 왜 또 토템기둥까지 세운 걸까?

꼭 욕심이 끝도 없어서 그랬다고는 할 수 없다. 아마도 종족 집단의 확대가 주된 원인이었을 것이다. 순수하게 자연적으로 형성된 원시공동체는 매우 취약했기 때문에 '점點'으로 보며, 씨족으로 변하면서 좀 더 강해졌을 때는 '면面'이라고 한다. 이어서 또 강해진 씨족은 여러 개의 씨족으로 갈라졌다. 비록 갈라지기는 했지만 내부적으로는 연결이 끊어지지 않았던 이 씨족들은 나중에 이웃의 지리멸렬한 씨족들을 끌어들이고 서로 연합해 부락을 형성한다. 이것이 곧 '편片'이다.

부락을 만들어놓고 보니 사람도 많아지고, 땅도 커지고, 일도 바빠지고, 관계도 복잡해졌다. 씨족의 성원들은 다 육친이었지만 부락에서는 혼인관계로 인한 인척이 더해졌다. 여자 쪽과 남자 쪽의 가깝고 먼 친척들이 한데 합쳐졌으니 당연히 응집력과 든든한 리더가 필요했다. 그렇지 않으면 모래알같이 흩어진 크고 작은 씨족들을 하나로 모아 맹수와 적들을 상대할 수 없었다.

그러면 과연 어떤 사람이 리더를 맡았을까?

양치기 채찍과
지휘도

강력한 리더는 반드시 남자여야 했고 또 남자일 수밖에 없었다.

남자는 수컷 동물이며 야심에 찬 동물이기도 한다. 남권의 확립은 지금 보면 옳지 않은 듯하지만 당시에는 피할 수 없는 추세였다. 사방 팔방에 위기가 도사리고 있을 때, 집단에 필요한 것은 관용과 부드러움이 아니라 무력과 냉철함이었다. 그래서 새로 생긴 부락은 야심만만한 남자 리더가 필요했을 뿐만 아니라 힘센 동물을 토템으로 삼고자 했다.

이를테면 소 같은 동물을 말이다.

원기 왕성한 소는, 특히 수소와 들소는 온순한 양보다 당연히 전투력이 강하다. 실제로 염제족이 중국 민족의 시조 중 하나가 될 수 있었던 것은 당시 그들이 다른 부락들에 비해 진취적인 정신이 워낙 뛰어났기 때문이다. 오직 이 이유 하나로 그들은 서쪽 지역에서 건너왔다. 그 옛날, 숲을 벗어났던 원숭이 무리처럼 말이다. 아마도 서쪽 지역에 남은 다른 강인羌人 부락은 계속 양을 토템으로 삼았을 것이다. 그러나 멀리 타향으로 간 이 개혁자들은 기치를 바꿔야만 했다.

물론 그들은 자신들의 그 조치가 새로운 시대를 열 줄은 생각지도 못했을 것이다.

중국 민족의 선사시대 역사는 씨족, 부락, 국가의 탄생이라는 세 단계를 거쳤다. 이것을 문화적 모델로 표현하면 각각 생식숭배, 토템숭배, 조상숭배로 나눌 수 있다. 조상숭배는 토템숭배의 자연스러운 연장이었으며 우리는 앞으로 토템숭배를 생식숭배에 대한 혁명으로 논할 것이다. 그 혁명은 아마도 강인羌人의 동쪽 원정의 과정에서 일어났을 가능성이 크다. 그리고 소가 양을 대체한 것은 혁명의 성공을 뜻한다.

그것은 단순한 이주가 아니었다. 그 의미는 중국 홍군紅軍의 2만 5000리 대장정보다 절대 못하지 않다.

생식숭배가 토템숭배로 변한 것이 어째서 혁명일까?

무엇보다도 생식숭배에서는 남녀가 평등하고 심지어 여성이 남성보다 우위에 있었다. 반면에 토템숭배에서는 남성을 높이고 여자는 낮게 취급했다. 그리고 생식숭배에서는 만물에 영혼이 있다고 보았다. 여성을 상징하는 물고기, 개구리, 달, 남성을 상징하는 새, 뱀, 태양이 다 숭배의 대상이었다. 토템숭배에서는 부락마다 토템이 오직 하나씩 있고 그것들도 결국에는 하나로 통일될 운명이었다. 상, 하 이집트가 합병된 뒤의 신성한 매, 호루스처럼 말이다. 더 중요한 것은, 생식숭배는 씨족시대를, 토템숭배는 부락시대를 대표한다는 사실이다. 씨족의 수장은 씨족장, 부락의 수장은 추장이었다. 씨족장은 노동자로서 손에 양치기 채찍을 들었지만 추장은 리더로서 손에 지휘도를 들었다.

이 정도면 혁명이라고 할 수 있지 않을까?

지금에 와서 그 혁명의 중요한 시점에 어떤 일이 있었는지는 확실히 알기 어렵다. 모든 것이 조용히 진행되어 더 기록이 남아 있지 않은 듯하다. 그런 까닭에 온통 복잡한 수수께끼만 역사에 남긴 것일 테다.

예를 들어 뱀, 양, 소는 생식숭배의 상징이었을까, 아니면 토템숭배의 대상이었을까? 둘 다이면서 둘 다 아니기도 했다. 뱀은 나중에 토템이 되지 않았다면 용으로 변하지 않았을 것이다. 소는 일찍이 생식숭배의 상징이 아니었다면 토템으로 변하지 않았을 것이다. 동일한 사물이 서로 다른 시기에 서로 다른 정체성을 가졌음을 알 수 있다. 따라서 이를 혼동해서 취급한 것은 역사의 잘못만은 아니다.

더구나 그 맥락은 매우 분명했다. 먼저 여성생식숭배가 있고 이어서 남성생식숭배가 있었으며 그다음에 토템숭배로 변한 것이니까. 따라서 강인姜人과 강족羌族의 양은 계속 변해야 했다. 처음에는 양치기 여자였고 그것은 바로 강姜이었다. 그다음에는 양치기였고 그것은 바로 강羌이었다. 다음 단계에서는 틀림없이 사족과 요족의 반호 같은 양치기 개나 고대 그리스의 판 같은 양치기 신으로 변했을 것이다. 그러나 안타깝게도 이 단계는 증거가 남아 있지 않다. 결국 훌쩍 뛰어넘어 곧장 소로 변한다.

양치기 여자의 자손으로서 강羌 혹은 강姜은 역사의 갈림길에 다다랐다. 그들 중 일부는 서쪽 지역에 남아 강족羌族이 되었고 다른 일부는 중원에 와서 염제족이 되었다. 염제족은 자신들의 서융 문화를 가져와 중원의 본토 문화와 융합시켰다. 그 안에는 복희족이 중원에 들여온 동이東夷 문화와 남만南蠻 문화까지 포함되었다.

바로 그 시점에 복희는 바통을 넘겼다.

부락의 시대가 시작되었다. 소의 머리에 인간의 몸을 가진 염제는 부락시대의 테이프를 자르고 소 토템의 깃발을 높이 흔들었다.

눈 깜짝할 사이에 세상이 바뀌었다.

뱀의
두 번째 등장

사안은 분명해졌다. 양치기 여자가 강인羌人으로 변한 것은 혁명의 결정적인 순간이었다.

우리는 그 미묘하고 민감한 순간에 여성이 알아서 더 유능한 자, 즉 남성에게 권력을 넘겨준 것인지, 아니면 남성이 강제로 권력을 빼앗은 것인지는 알지 못한다. 만약 후자라면 뱀은 틀림없이 그 과정에서 안 좋은 역할을 했을 것이다.

뱀은 교활한 존재이며 오랫동안 잠복해 있었다.

사실 그것은 뱀의 두 번째 등장이었다. 첫 번째 등장에서는 이브의 시대에 생식을 성으로 바꿔놓았다. 그때 뱀은 섹시하고 솔직담백한, 억울한 누명을 쓴 무명의 영웅에 가까웠다. 공을 세운 뒤, 뱀은 물러나고 개구리가 무대에 올라섰다. 그리고 개구리 혹은 여와가 다시 성을 생식으로 바꾸고 생식숭배를 발명했다. 생식이 성이 되면서 인류는 동물에서 인간이 되었다. 그리고 생식숭배가 탄생하면서 자연은 문화가 되었던 것이다.

인류사의 이 두 차례 전진에 끼친 뱀과 개구리의 공로는 결코 무시할 수 없다.

어쨌든 뱀이 다시 등장할 차례가 되었다. 그런데 섹시하고 솔직담백했던 그 뱀이 어느새 사악하고 교활하며 탐욕스럽게 변했을 줄은 아무도 몰랐다. 또한 이번에는 무려 수천 년이나 무대 위에 눌러앉아 있게 되었고 말이다. 더 놀라운 것은 뱀이 품은 목적이었다. 뱀은 여성을 만족시키는 것이 아니라 자신의 욕망을 채우는 데 목적이 있었다. 그리고 무대에 오르자마자 안면을 몰수하고 은혜를 원수로 갚았다. 역사의 무대를 독점하고 공권력을 이용해 쥐도 새도 모르게 여와를 뱀으로 바꿔버렸다.

그 후 뱀은 범죄의 증거를 말끔히 없애고 시치미를 뗀 채 자기도 소로 탈바꿈했다. 그 결과, 여와는 뱀이라는 새빨간 거짓말에 수많은 사람이 속아 넘어가게 되었다.

그러나 애석하게도 뱀은 공범이 남긴 증거까지는 제거하지 못했다. 그 공범은 새였고 증거는 새가 물고기를 쪼거나 입에 물고 있는 도안이다. 그런 도안은 명대의 벽돌 조각에 이르기까지 계속 눈에 띈다. 바로 이런 단서들이, 뱀이 개구리를 삼키고 새가 물고기를 잡아먹는 것이 자연계의 흔한 모습일뿐더러 역사에서도 놀랄 만한 한 장면이었 **116**

음을 강력하게 증명해준다.[15]

뱀은 어떻게 목적을 달성할 수 있었을까?

근본적인 요인은 경제에 있었다. 모계씨족사회 후기에는 이미 재산의 귀속권이 존재했다. 그때는 아직 "남자가 여자의 뜻에 따르는" 시대이기는 했지만 둘이 헤어지면 남자가 노동의 도구와 가축과 양식을 가지고 떠날 수 있었다. 여자는 겨우 가재도구를 남겨두고 빈집을 지키다가 다른 남자를 맞아들일 수밖에 없었다.

이 일은 오늘날의 관점으로 가늠해서는 안 된다. 그때는 부동산이라는 것이 큰 의미가 없었다. 남자의 소유물이 훨씬 더 값어치가 있었다. 가축을 예로 들면 먹을 수도, 부릴 수도 있는 생활의 자원이자 노동 도구였다. 더구나 나중에 남자들은 새로운 '가축'까지 손에 넣었다. 그것은 바로 노예였다. 그들이 붙잡아온 전쟁포로였다. 게다가 그 염가의 노동력은 엥겔스가 말한 대로 가축처럼 번식이 용이했다.

이때의 남자들은 자본가이면서 통치자였다. 두둑한 지갑만큼 무서운 것은 없는 법이다.

돈이 많아지면 배짱도 커진다. 남자들은 더 이상 모계에 맞춰 혈연을 따지는 것을 용인할 수 없었다. 그것은 자기가 모은 재산이 친아들과 전혀 무관함을 의미했기 때문이다. 장모와 처제에게도 가질 권리가 있고 심지어 다른 남자의 자식에게도 갈라줘야 했다. 당시의 여자들은 여러 섹스 파트너를 가질 수 있었으니까.

---

15 새가 물고기를 조거나 물고 있는 도안 외에 전국시대 청동기에는 뱀과 개구리 도안이 있었다. 이것들은 당시 함께 쓰인 듯하며 나중에 자웅동체의 '현무玄武'로 발전했다. 현무는 거북이와 뱀이 합쳐진 것이 아니라 개구리와 뱀이 합쳐진 것이다. 자오궈화의 『생식숭배문화론』 참고.

서주 청동기의 새와 물고기 무늬

한대 화상석의 새가
물고기를 쪼는 무늬

진한 시대 기와의 새가
물고기를 물고 있는 무늬

진대晉代 금장식의 새가
물고기를 물고 있는 무늬

린루臨汝 옌춘閻村에서
출토된 채도 항아리의
새가 물고기를 물고 있는 무늬

바오지寶鷄 베이서우링北首嶺에서
출토된 채도 주전자의
새가 물고기를 쪼는 무늬

명대 비단의 새가
물고기를
물고 있는 무늬

명대 벽돌의 새가
물고기를
물고 있는 무늬

118

그런 제도는 폐지되어야 했다.

실제로 그 제도는 폐지되었다. 그것은 인류가 겪은 가장 급진적인 혁명 중 하나였지만 실제로 해보니 뜻밖에 지금의 부동산 등기이전보다 훨씬 간단했다. 그러나 여성은 이때부터 소유권, 지배권, 계승권이 포함된 재산권을 송두리째 잃었다. 이와 동시에 선거권, 피선거권 등이 포함된 참정권까지 잃었다. 이 권리들은 고대 그리스 민주주의에서도 여성에게는 허용되지 않았다. 그리고 당시 중국에서 그녀들은 제사의 권리까지 박탈당했다. 고대사회에서 그것은 가장 중요한 권리였다.

제사의 권리가 없는 여성은 온전히 죽지도 못했다. 간쑤성 린샤臨夏의 친웨이자秦魏家에서 발견된 부계씨족 시대의 묘지를 예로 들어보겠다. 부부가 합장된 그 10여 기의 묘 안에서 남자들은 모두 떡하니 하늘을 보고 누워 있었다. 그런데 여자들은 궁색하게도 다리를 오므린 채 모로 누워 있었다. 남존여비의 의미가 무척이나 뚜렷하다.

여성은 죽어서도 평등하지 못했던 것이다.

간쑤성 린샤 친웨이자 묘지의 내부도

살인과
강간

여성의 실패는, 절반은 불가항력이었고 절반은 마음이 여렸기 때문이다. 모계에서 부계에, 그리고 씨족에서 부락에 이르는 과정에는 평화로운 변화도 있었고 피비린내 나는 탄압도 있었다.

이것은 전적으로 뱀 때문이었다.

뱀은 교활할 뿐만 아니라 잔인한 녀석이었다. 선사시대 사람들은 뱀을 무척 두려워했다. 평상시에 길을 가다가도 서로 얼굴만 마주치면 뱀이 있는지 없는지 묻곤 했다. 그래서 남성생식숭배의 최초의 상징은 뱀이 아니라 상대적으로 귀여운 새였고 나중에도 도마뱀과 거북이였다. 이로써 뱀을 재기용한 것은 그 자체로 악과 폭력을 의미했고 처음부터 음모였다는 것을 알 수 있다.

뱀의 죄는 두 가지, 즉 살인과 강간이었다.

살인의 대상은 결혼 후 낳은 첫째 아이였다. 그 아이는 살해당하거 **120**

나 잡아먹혀야 했다. 아니면 유기를 당하는 것이 그나마 인도주의적이었을 것이다. 왜 이런 일이 벌어졌을까? 두말할 필요 없이, 누구의 씨앗인지도 모르는 아이 앞으로 남자의 재산이 주어지는 일이 없도록 하기 위해서였다. 어쨌든 성이 자유로웠던 원시시대에는 법적인 부친이 그 아이가 자기 아이인지 남의 아이인지 알아낼 도리가 없었다. 그때는 친자감정 같은 것도 없었으니까.

그런 잔인하고 비인도적인 악습은 훗날 당연히 폐지되었다. 하지만 어떤 남자가 자비로운 마음을 베풀어서 폐지된 것은 아니다. 단지 언제부터인가 여성의 순결이 보장되었기 때문이다. 갓 결혼한 아내가 처녀라면 첫아이를 죽일 필요가 없다.

괴이한 것은 여성이 정조를 지키는 관습이 남성의 강간이 낳은 결과일 수도 있다는 사실이다.

이것은 긴 설명이 필요하기 때문에 어쩔 수 없이 요약해서 말해야 할 듯하다. 정조를 지키는 것은 원시시대에는 본래 여성의 권리이면서 권력이었다. 권리는 의무가 아니기 때문에 행사할 수도, 포기할 수도 있다. '정조권'도 마찬가지였다. 사랑 때문에 오직 한 남자하고만 섹스를 하는 것은 행사였다. 쾌락을 위해 내키는 대로 남자를 바꿔가며 잠자리를 함께하는 것은 포기였고 말이다. 정조권을 행사하든 포기하든 모두 여성의 자유와 존엄성의 표현이었다.

121   따라서 여성이 자신을 위해서가 아니라 남성을 위해서, 심지어 미

혼 남성을 위해 정조를 지켰다고 한다면 그것은 여성의 자유와 존엄성의 박탈이었을 수밖에 없다. 그리고 강간은 여성이 정조를 지키게 만드는 가장 단도직입적인 방법이었다. 일부 유별나게 악독한 남자들이, 심지어 월경 때를 골라 강간을 했을 수도 있다. 여성들의 가녀린 마음에 치명타를 가하기 위해서였다.

뱀의 교활함과 잔인함은 바로 여기에 있었다.

그렇게 성기를 무기로 삼아 휘두른 것이 고의였는지 고의가 아니었는지는 지금은 이미 뭐라고 말하기 어렵다. 그러나 남자가 일단 덮치겠다고 마음을 먹으면 여자로서는 싸워 이길 수 없다는 것만큼은 분명한 사실이다. 이때부터 정조를 지키는 것은 더 이상 여성의 권리가 아니라 의무가 되었다. 여성은 정조를 지킬 수 있는 게 아니라 반드시 지켜야만 했다. 남성은 계속 여러 여자를 상대할 수 있었는데도 말이다. 나중에는 아예 합법적으로 첩을 둘 수도 있고, 반# 합법적으로 유곽을 드나들 수도 있고, 나아가 남자아이를 데리고 놀 수도 있게 되었다. 이렇게 씨족사회의 핏빛 황혼이 부락시대와 남권사회의 서막을 열었다.

여성은 자유를 잃고 남성은 헤게모니를 얻었다. 이것은 분명히 여성의 실패였다. 그리고 엥겔스가 말한 대로 이 실패는 세계적이면서 역사적인 것이었다.

그러나 남자들도 샴페인을 터뜨리기는 아직 일렀다.

그들에게도 나름대로 문제가 있었다. 그것은 바로 '수컷의 질투'였다. 이 문제는 집단의 안녕과 지속적인 발전에 대한 크나큰 위협이었다. 동물들에게 이런 문제가 없는 것은, 동물의 수컷은 교미기에만 질투를 하고 짝을 택하는 권리도 암컷에게 있기 때문이다. 그러나 이 시기의 인류사회에서 남자들은 원하는 것이면 무엇이든, 또 좋아하는 여자면 누구든 취할 권리가 있었다. 그러니 어떻게 자기들끼리 싸우지 않을 수가 있었겠는가?[16]

그래서 모계사회를 다 접수하고도 남자들은 계속 소란을 치러야 했다. 여자들의 신체 외에 토지와 재산, 수원水源, 경계를 놓고도 마찰이 끊이지 않았다. 이것들은 모두 주먹으로 해결해야 하고 오직 주먹만이 먹혀드는 문제였다.

더구나 부락 추장의 손에는 지휘도가 들려 있었다.

언제 전쟁이 터져도 이상하지 않을 상황이었다. 전쟁을 피할 수 없었다. 예를 든다면 치우蚩尤를 향해 전쟁을 선포하고 우군이던 황제와 서로 칼을 겨누게 된다.

123

---

16 경제의 변화가 사회 변화를 일으켜서 모계가 부계가 되고 여성이 세계적, 역사적 실패에 봉착한 것, 그리고 '수컷의 질투'가 '공동거주집단'을 파괴한 것에 대해서는 엥겔스의 『가족, 사적 소유 및 국가의 기원』 참고.

붉은 단풍나무숲에서 솟아오른 것은 황제의 전차였다.
그는 전쟁과 평화 사이에서 어려운 선택을 해야만 했다.

제5장

황제의 등장

황제의 성은
황이 아니다

처음 등장했을 때부터 황제는 만인의 시선을 사로잡았다.

그는 대략 춘추시대 말기, 염제와 함께 기록에 나타나기 시작했다. 『좌전』과 『국어』에서는 모두 염제와 황제를 '염황炎皇'이라고 병칭했다. 그러나 이 둘의 운명은 완전히 달랐다. 염제는 계속 내리막길을 치달아 사마천 시대에 와서는 존재감조차 희미해졌다. 반대로 황제는 갈수록 기세가 높아져 전국시대에 이미 신격화되었고 나중에는 중국 의학과 방중술의 시조가 되기도 했다.

한비자는 황제가 출행하는 장면을 다음과 같이 장엄하게 묘사했다.

코끼리가 끄는 황제의 수레를 좌우 양쪽에서 여섯 마리의 이무기가 호위하고, 학의 몸에 사람의 얼굴을 한 신조神鳥 필방畢方은 마부를 돕고, 구리 머리와 쇠 이마를 가진 신수神獸 치우는 앞에 자리 잡고, 바람의 **126**

신 풍백風伯은 갈 길을 쓸고, 비의 신 우사雨師는 길에 물을 뿌리고, 호랑이와 늑대는 선두에 서고, 귀신은 뒤를 따르고, 날개 달린 뱀 등사螣蛇는 땅에서 기고, 봉황은 하늘을 뒤덮었다.[1]

정말 황제에게 걸맞은 웅장한 장면이다.

황제黃帝는 사실 황제皇帝이긴 했지만 으리으리한 궁궐에 앉아 세상을 속이고 명성을 도둑질하는 부류는 아니었다. 중국 역대 왕조의 군주들이야말로 부끄러움도 모르고 그 신성한 호칭을 도용한 자들이었다.

황皇은 무엇일까? 제帝는 또 무엇일까? 제는 복사卜辭(갑골문으로 씌어진 고대의 점을 친 기록)에서는 본래 천신天神과 상제上帝를 뜻했다. 또 황은 『시경詩經』에서는 단지 동사, 형용사, 감탄사로만 쓰였다. 실제로 제는 '꽃자루花蒂'와 통하며 창조자를 의미한다. 황은 휘황찬란함, 즉 붉은 태양이 지평선 위로 서서히 솟아오르는 모습이다.

갑골문의 '帝'   금문의 '皇'

따라서 황제皇帝는 하늘나라의 상제이거나 그것에 버금가는 존재다. 본래의 뜻은 동녘에 솟아오르는 태양처럼 휘황찬란하고 꽃자루처

127

럼 생명을 낳는 위대한 창조자다.

그때를 생각하면 수인씨, 여와씨, 복희씨 등 창조자가 매우 많았다. 그들은 모두 다 후계자도 있었다. 그래서 '황제皇帝'는 어쩔 수 없이 사분오열되어 삼황오제가 되었다. 오제도 시간과 공간에 따라 두 종류가 있다. 시간을 기준으로 하면 황제黃帝, 전욱顓頊, 제곡, 요, 순이며 공간을 기준으로 하면 동방청제東方靑帝, 서방백제西方白帝, 남방적제南方赤帝, 북방흑제北方黑帝, 중앙황제中央黃帝다.

백, 청, 흑, 적, 황은 금, 목, 수, 화, 토에 대응하며 보기에도 아주 깔끔하고 좋다.

하지만 안타깝게도 상고시대의 역사는 잘 정리된 것일수록 더 의심스럽다. 오행으로 오제를 설명하는 것은 더더욱 신빙성이 떨어진다. 사실 이것은 진한秦漢 시대에 조작된 이야기일 가능성이 크다. 유방劉邦은 진시황이 백제, 청제, 황제, 적제에게만 제사를 올리고 흑제의 자리는 자기를 위해 남겨두었다고 말한 바 있다.[2] 이런 헛소리를 누가 믿겠는가?

황제黃帝는 결코 성이 황黃이 아니다.

그는 확실히 위대한 창조자이자 발명가였다. 그가 헌원씨軒轅氏라고 불린 것이 그 증거다. 헌軒은 수레이고 원轅은 수레를 몰 때 쓰는 끌채다. 은나라, 주나라 시대에는 한 개짜리 끌채를 썼고 한대 이후에는 두 개짜리를 썼다. 어쨌든 수레의 발명자가 아니라면 헌원씨라고 부

2 유방의 말은 『사기』 「봉선서封禪書」 참고.

를 이유가 없었을 것이다.

황제가 헌원구軒轅丘라는 곳에 살았기 때문에 그런 호칭을 갖게 되었다고 말한 사람도 있긴 하다.[3] 헌원구의 위치는 지금의 허난성 신정新鄭 북서쪽이다. 하지만 역시 믿음이 가지 않는다. 생각해보면 금세 알 수 있을 것이다. 먼저 헌원이 없었으면 어떻게 헌원구라는 지명이 있겠는가? 워싱턴이 워싱턴이라고 불리는 게 워싱턴에 살았기 때문인가? 따라서 실상은 정반대였을 것이다. 헌원구는 황제로 인해 생긴 지명이었을 것이다.

황제는 정말 위대한 공을 세웠다. 이집트인들의 마차는 나일 문명이 시작된 지 1000년 뒤에야 힉소스인들에 의해 도입되었다. 중앙아메리카에는 15세기 말 유럽인들이 침입하기 전까지 마차도, 수레도 없었다. 그래서 황제가 수레를 만들었다는 설은 일찍이 사람들의 의심을 샀다. 하지만 똑같이 의심을 샀던 고대 이집트의 파피루스선과 피라미드는 노르웨이의 탐험가 헤위에르달과 일본의 고고학자에 의해 제작 가능성이 증명되었다. 고대 민족의 창조성이 우리 상상을 뛰어넘는 수준이었음을 알 수 있다.

이런 까닭에 황제는 코끼리가 끄는 수레를 타고서 이무기 여섯 마리와 필방, 치우, 풍백, 우사, 그리고 호랑이와 늑대, 귀신과 등사, 봉황을 거느리고 다니는 호사를 누릴 만한 자격이 충분했다.

129

---

3 황제가 헌원씨라 불린 것이 그가 헌원구에 살았기 때문이라는 주장은 『사기』 「오제본기」의 사마정司馬貞, 『색은索隱』의 주석에서 황보밀皇甫謐 인용 부분 참고.

출신의
비밀

그런데 이토록 위풍당당한 황제는 출신이 수수께끼로 남아 있다.

물론 관련된 주장은 있다. 위대한 창조자가 출신 내력이 없으면 곤란할 것 아니겠는가. 없으면 만들어내야 했다. 예를 들어 『국어』에서는 "소전이 유교씨를 아내로 맞이하여 황제와 염제를 낳았다少典娶於有蟜氏, 生黃帝·炎帝라고 했다. 사마천은 『사기』에서 이 대목을 근거로 인용했지만 염제는 생략했다. 그가 보기에 염제는 정체가 불분명한 인물이었으니까. 더구나 염제와 황제는 연대 차이가 500년이나 되는데 세상에 그런 형제가 어디 있는가?[4]

사실 근거 없이 부모까지 날조하는 것은 좀 과했다. 이런 식의 잔꾀는 계속 골칫거리를 낳게 마련이다. 내력이 더 불분명한 소전과 유교를 두고 하는 말이다. 소전은 누구이고 유교는 또 누구일까? 아무도 모른다. 소전은 나라 이름이라고 말하는 사람이 있긴 하지만 역시 근

---

4 염제와 황제의 연대 차이가 500년이라는 것은 『사기』「오제본기」의 사마정, 『색은』의 주석에서 황보밀, 『제왕대기帝王代紀』의 인용 부분 참고.

거가 없다.

믿을 만한 것은 아마도 황제의 성이 희姬였다는 것 정도일 것이다. 역시 '아마도'이기는 하지만.

그런데 황제가 희수에 살아서 성이 희라는 것은 그가 헌원구에 살아서 헌원이라고 불렸다는 것과 마찬가지로 신빙성이 부족하다. 고로장高老莊 사람의 성이 고高이고 이가촌李家村 사람의 성이 이李인 것이 고로장과 이가촌에 살기 때문인가? 그리고 헌원구는 지금의 허난성 신정에 있고 희수는 지금의 산시성 우궁현에 있다. 서로 한참 떨어져 있다.

물론 사는 지역 이름을 좇아 명명하는 일이 없지는 않다. 예를 들어 역씨易氏는 역수易水에서 나온 것이다. 하지만 그런 명명 방식을 사용한 것은 씨이지 성은 아니다. 성은 출신 종족을, 씨는 거주지역을 나타낸다.[5] 성은 씨보다 훨씬 오래되었고 심지어 지명보다도 오래되었다. 씨는 지명과 관명官名 뒤에 위치한다. 따라서 바오지의 그 강이 강수라고 불렸던 것은 아마도 염제의 성이 강이었기 때문일 것이다. 우궁 현의 강이 희수라고 불렸던 것도 황제의 성이 희였기 때문일 것이고.

그런데 여기에는 또 골치 아픈 문제가 남아 있다.

황제의 성이 희인 것은 염제의 성이 강인 것보다 확실히 이해하기가 어렵다. 강과 희가 모두 모성인 것에는 문제가 없다. 염제의 성이 강인 것은 어머니의 성이 강이었기 때문이며 황제의 성이 희인 것도

---

5 옛날 사람들은 성으로 출신 종족을 표시하고 씨로는 거주지역을 표시했다. 마쉬룬馬敍倫의 『설문해자육서소증說文解字六書疏證』 제24권 참고.

어머니의 성이 희였기 때문이다. 이것도 별 문제가 없다. 성이 강姜인 염제의 어머니가 양치기 여성이었던 것은 더더욱 문제가 없다. 강족은 서융의 양치기들이었으니까. 그런데 황제의 성이 희인 것은 굉장히 이상하다. 마찬가지로 성이 희인 그의 어머니가 닭을 기르던 여성이었고 그의 종족도 닭을 기르던 종족이었던 걸까?[6]

그렇지 않다. 희의 갑골문 형태는 한 여자가 자리에 꿇어앉아 참빗이나 화장대로 보이는 것을 마주한 채 머리를 손질하거나 장신구를 착용하는 모양이다.[7]

갑골문의 '희'   금문의 '희'

이 여자는 어떤 여자일 수 있고, 또 어떤 여자여야 할까?

미녀다! 희라는 글자는 후대에 와서도 미녀라는 뜻으로 많이 쓰였다. 숙희淑姬, 오희吳姬, 선희仙姬 같은 식으로 말이다. 북한의 금희金姬, 은희銀姬 같은 이름도 마찬가지다.

그런데 이러면 문제가 더 아리송해진다. 앞에서 성은 '출생 종족'을 표시한다고 했다. 강족은 양을 길렀기 때문에 당연히 성이 강姜이었다. 그러면 성이 희인 사람은 무엇을 길렀을까? 설마 화장대를? 더구나 그 종족은 어째서 미녀를 기치로 삼았을까?

132

6 마쉬룬은 희성이 본래 닭을 기르는 종족이었던 것으로 추정했다. 『독금기각사讀金器刻辭』 하권 참고.

7 희의 갑골문 형태가 여자가 자리에 꿇어앉아 참빗이나 화장대로 보이는 것을 마주하고 있는 모양이라는 것은 『고문자고림古文字詁林』 제9권에서 위성우于省吾, 쉬중수徐中舒를 인용한 부분 참고. 또 이 여자가 머리를 손질하거나 장신구를 착용하고 있는 것으로 보인다는 내용은 『고문자고림』의 제1권에서 예위썬葉玉森, 왕셴탕王獻唐을 인용한 부분 참고.

두 가지 가능성이 있다.

첫 번째는 이 종족의 여자들이 대단히 아름다워서 자칭, 타칭 '미녀족'으로 불렸을 가능성이다. 두 번째는 전쟁에서 패하여 무희나 시녀, 심지어 성노예로 전락했을 가능성이다. 희는 미희美姬(미녀)일 수도, 가희歌姬(여자 가수)나 총희寵姬(애첩)일 수도 있음을 알아둬야 한다.

사실 복사卜辭에서는 희와 비婢가 똑같은 뜻으로 쓰이거나 함께 쓰이곤 했다.[8] 예를 들어 '희어비신姬於妣辛'은 비신妣辛(상나라 국왕 무정武丁의 왕비인 부호婦好의 시호)에게 시녀를 주었다는 뜻이고 '희비이인姬婢二人'은 희 한 명과 비 한 명이라는 뜻이다. 원시시대의 전쟁은 매우 잔혹했고 전쟁포로의 운명도 비참했다. 양식을 아끼기 위해 남자는 주로 사살했으며 여자는 사정을 참작해 살려두었다. 그중에서 몸이 건강해 허드렛일을 맡은 여자가 비였고 아름답고 섹시하여 무희나 시첩이 된 여자는 희였다. 황제의 어머니는 전쟁포로로서 추장 소전의 아내를 모시는 시녀였다가 소전의 눈에 들어 첩이 된 여자였을 수도 있다.

자, 희는 과연 '미녀족'이었을까, '성노예족'이었을까?

잘 모르겠다. 사실 확실히 알 필요도 없다. 어떤 일들이 밝힐 수도, 밝힐 필요도 없는 운명이라면 그냥 영원히 미스터리로 남겨두는 게 좋다. 우리는 그 뒤 무슨 일이 일어났는지만 알면 되니까.

이제 황제족의 융성을 보게 될 것이다.

8 희와 비가 똑같은 뜻으로 쓰이거나 함께 쓰였다는 것은 주치상朱岐祥의 『은허갑골문자통석고殷墟甲骨文字通釋稿』 참고.

전환점

공을 세워 명성을 떨친 황제는 관례대로 신분을 바꾸려 했다.

그것은 불가피한 일이었다. 황제 자신이 하지 않아도 옆에서 거들어주었을 테니까. 깃발을 바꿔야만 과거와 결별하고 미래를 열 수 있기 때문이었다.

염제도 그랬다. 그의 방식은 토템을 바꾸는 것이었다.

황제도 토템이 있었을까? 당연히 있었고 있어야만 했다. 생식숭배가 토템숭배로 바뀐 것은 부락이 씨족과 구별되는 중요한 지점이다. 다만 황제의 토템이 무엇이었는지에 관해서는 의견이 분분하다.

대다수는 곰이라고 생각한다. 황제의 또 다른 호칭이 유웅씨有熊氏이기 때문이다. 유는 어조사여서 뜻이 없으므로 '유웅'은 곰이고 황제의 토템으로 여겨질 만하다. 그러나 거북이라고 말하는 사람도 있다. 일찍이 주나라 사람들이 "우리 희씨는 천원에서 나왔다我姬氏出自天黿" **134**

고 했기 때문이다.[9] 천원天黿은 신성한 거북이다. 또한 용이나 뱀이라고 하는 사람도 있다. 『산해경』에서 헌원국軒轅國 사람들이 사람 얼굴에 뱀의 몸을 가졌다고 했기 때문이다. 이밖에 구름, 새, 태양, 별자리, 수레라고 하는 사람들도 있다.

물론 아예 토템이 없었다고 주장하는 사람까지 있다.

이처럼 학계의 의견이 엇갈리는 것은 잘못된 인식으로 '범汎토템론'이 초래되었기 때문이다. 예를 들어 유교씨는 꿀벌을, 유소씨有巢氏는 나무를, 수인씨는 돌이나 불을, 남방의 각 부락은 뱀을, 동방의 각 부락은 물고기를 토템으로 삼았다고들 한다. 하지만 수인씨 시대에는 토템이 있었을 리가 없다. 또 물고기는 여성생식숭배의 상징인데 어떻게 토템이 될 수 있겠는가? 이것은 아주 경솔한 토템관이다.

황제족은 도대체 토템이 있었던 걸까, 없었던 걸까? 있었다면 그것은 무엇이었을까? 계속 논의가 이어져도 상관없다. 이런 문제는 학술적 가치는 있을지 몰라도 역사적 가치는 없으니까. 바꿔 말해 의미 있는 역사는 아니다.

의미 있는 역사는 무엇일까? 변화, 진전, 구분, 전환과 관련된 역사다. 예를 들어 토템의 유무는 부락과 씨족을 구분하지, 부락과 부락을 구분하지는 않는다. 따라서 염제의 토템은 논의를 해야 하지만 황제의 토템은 누가 뭐라 하든 넘어가도 괜찮다.

135 그러면 염제와 황제는 무엇으로 구분될까?

---

9 "우리 희씨는 천원에서 나왔다"는 말은 『국어』「주어周語 하」참고.

씨氏다.

황제는 확실히 씨가 있었다. 그것도 여러 개였다. 헌원씨, 유웅씨 외에 진운씨縉雲氏, 제홍씨帝鴻氏, 제헌씨帝軒氏도 있었다. 반면에 염제는 거의 없었다. 그를 신농씨로 보는 견해가 있긴 하지만. 사실 염제와 신농의 관계는 2000~3000년 동안이나 논쟁이 이어져왔는데도 밝혀진 것이 별로 없다. 더구나 염제가 신농이었다고 해도 그것이 그에게 씨가 있었음을 의미하지는 않는다. 왜냐하면 신농씨의 씨 자는 나중에 덧붙여졌을 가능성이 크기 때문이다. 수인씨, 여와씨, 복희씨처럼 말이다. 수인, 여와, 복희의 시대에 씨가 있었을까? 없었다.

씨는 아마도 황제가 발명했을 것이다. 그리고 이 발명은 새로운 시대를 열었다. 수레, 옷, 역법, 산학算學, 의학, 방중술보다 훨씬 중요한 발명이었다.

씨는 황제의 미스터리를 풀어줄 두 번째 키워드이면서 역사의 전환점에 해당된다. 성과 씨에는 세 가지 구분이 있기 때문이다. 성은 모계에, 씨는 부계에 속하고 성이 먼저, 씨는 나중에 생겼으며 성은 결혼을, 씨는 귀천을 분별한다. 성이 결혼을 분별한다는 것은 곧 같은 모계의 형제자매는 성관계를 가질 수 없음을 의미한다. 이른바 '동성불혼同姓不婚'이다. 물론 이것은 모계 시대의 관념이다. 한편 씨가 귀천을 분별한다는 것은 부계로 혈연을 따지는 것을 의미할 뿐만 아니라, 부계로 지위를 구분함을 뜻한다. 부계제도가 완전히 확립되고 계급

관념이 싹튼 것은 당연히 성만 있고 씨가 없던 염제족보다 훨씬 성숙
하고 수준 높은 양상이었다.

그리하여 황제가 당당히 강호의 우두머리가 되었다.

우두머리가 되었으면 우두머리의 면모를 갖춰야 한다. 자신의 씨를
확정한 것은 부락시대 후기, 황제 또는 황제족이 그은 강렬한 역사의
한 획이었다.

수레와
모자

앞에서 황제의 씨는 여러 가지가 있다고 했다. 가장 중요한 것은, 유
웅을 제외하면 바로 헌원이다. 헌원은 수레이며 헌원씨는 곧 수레를
만드는 사람이다. 유웅이 중요한 것은 이상할 게 없다. 아마도 토템일
가능성이 크기 때문이다. 그러면 헌원은 뭐가 그렇게 중요할까?

　유웅은 지표이고 헌원은 실력이다.

　그 시대는 어쨌든 아직 석기시대여서 그 어떤 과학기술상의 발명도
역사를 바꿀 가능성이 있었다. 당연히 종족 집단의 지위와 운명도 바
꿀 수 있었다. 더욱이 그 발명이 수레라면 어땠을까? 수레는 그것이
소가 끄는 것이든, 말이 끄는 것이든, 심지어 사람이 끄는 것이든 모
두 대단한 발명이다. 그것은 생산도구이자 교통의 수단일 뿐만 아니라
무기가 될 수도 있다. 춘추시대의 전쟁은 전차를 이용한 전쟁이었다.
따라서 황제가 정말 수레를 발명했다면 그는 천하제일의 무기 공장을 **138**

소유했을 것이다. 그의 병력은 무적의 탱크부대였을 테고 말이다.

이처럼 수레는 무엇보다도 효과적인 도구였다.

어쨌든 당시에 황제족은 가장 선진적인 기술과 생산력으로 최강의 실력을 보유하고 있었다. 그래서 천하의 크고 작은 부락과 씨족들의 경계의 대상이 되었다. 그들은 호의를 보이기도 하고, 동맹을 맺기도 하고, 투항을 하기도 했다. 이것을 두고 『사기』에서는 "제후들이 모두 와서 귀순하고 복종했다諸侯咸來賓從"라고 기술했다. 여기서 제후란 황제 이외의 각종 종족 집단을 뜻한다.

귀순과 복종의 결과로 '독립부락연합체'가 출현한다. 황제는 이 독립부락연합체의 수장이었다.

황제 시대의 독립부락연합체는 염제 시대의 부락보다는 크고 요순 시대의 부락연맹보다는 작았다. 규모와 성질에 있어 둘 사이에 위치했다. 그리고 그 내부 관계를 어떻게 처리하여 강호를 평정할지가 당연히 문제가 되었다. 더구나 후기에 접어들어서는 새롭게 합류하여 역할과 책임을 부여받은 소규모 종족 집단이 크게 늘어났다. 『수호전水滸傳』에서 양산박의 영웅들이 자리 배치를 놓고 고민할 때와 마찬가지 형국이 되었던 것이다.

이처럼 정치적인 지혜를 시험당하는 순간이 왔을 때, 황제는 어떤 수단을 사용했을까?

139 바로 씨와 헌면軒冕이다.[10] 헌면은 수레와 모자를 말한다.

---

10 황제가 헌원이라고 불린 것이 그가 수레와 모자를 발명했기 때문이라는 설은 『한서漢書』 「율력지하律曆之下」 참고.

앞에서 성은 결혼을, 씨는 귀천을 분별한다고 말한 바 있다. 귀천을 분별하는 방법은 곧 수레와 모자에 차등을 두는 것이었다. 수레와 모자는 당연히 힘 있는 자들만 누릴 수 있는 것이었다. 수레와 모자에 차등을 두는 것은 바로 대우에 따라 사회를 관리하는 것이었다. 수레를 타거나, 배를 타거나, 혹은 보행만 허용되는 것에는 일정한 규칙이 있었다. 옷을 입거나, 모자를 쓰거나 혹은 웃통을 벗는 것에도 일정한 규칙이 있었다. 또한 무슨 씨냐에 따라 타고 쓸 수 있는 수레와 모자가 따로 정해져 있었다.

수레와 모자는 존귀함을 드러내는 증명서였던 것이다. 토템이 부락의 로고였던 것처럼 말이다.

더구나 실행해보니 별로 어려운 일이 아니었다. 독립부락연합체의 각 성원은 본래 곰, 비휴, 호랑이 같은 자신들의 토템이 있었기 때문이다. 토템이 다르니 수레와 모자도 당연히 차이가 있었다. 이제 각각의 실력에 따라 위아래 등급을 나누어 귀천과 존비尊卑를 규정하기만 하면 끝이었다.

이 중대한 발명은 그야말로 물 흐르듯이 진행되었다.

사실 이 일련의 게임 규칙이 생겨나면서 수많은 일이 협상을 통해 해결 가능해지고 다툼도 줄었다. 그리고 수레와 모자의 차등에 동의만 하면 누구나 '우리 사람', 즉 '황제족'이 될 수 있었다. 원래 무슨 종족이었는지 상관하지 않았다.

140

이것을 뭐라고 표현해야 할까?

이익의 합리적 분배로 집단 내 세력들의 평화로운 공존을 도모하고 귀천을 규정한 문화적 기호체계로 성원들의 아이덴티티를 실현했다.

다른 각도에서 표현하면 문화로 동족 개념을 세우고 대우와 평화를 맞바꾼 것이다.

우리는 황제가 어떻게 이런 방법을 고안해냈는지 잘 모른다. 설마 성격과 관계가 있었던 걸까? 옛날 사람들은 염제는 불의 덕을, 황제는 흙의 덕을 가졌다고 말했는데 어느 정도 일리가 있어 보인다. 소를 토템으로 삼은 염제는 아마 난폭했을 것이고 황제는 상대적으로 너그러웠다. 그래서 마찬가지로 다소 너그러웠던 주나라 사람들이 황제의 지혜를 고스란히 이어받아 정전井田, 종법宗法, 봉건封建, 예악禮樂이라는 4대 제도를 창조한다. 주나라 사람들이 스스로를 황제의 후예라고 하고 성도 희였던 데에는 다 이유가 있었던 것이다.

그러나 황제는 수레와 모자라는 멋진 발명을 해내고도 느닷없이 다가온 풍파를 피하지는 못했다. 그가 자신의 성공에 도취해 있을 때 강력한 적이 그의 눈앞에 나타났다. 그 적은 용감하고 싸움을 즐겨서 감히 대적할 자가 없는 백절불굴의 인물이었으며 무슨 수레와 모자 따위는 안중에도 없었다.

황제는 전쟁과 평화 사이에서 어려운 선택을 해야만 했다.

그 강적은 바로 치우였다.

141

전쟁의 신
치우

치우는 결국 전쟁에서 패했다.

그런데 치우는 승자에게서 최고의 존경을 받았다. 전쟁의 신으로 받들어져 '병주兵主'라는 호칭을 얻고 제왕이 천지에 올리는 제사에서 '천주天主' '지주地主'에 이어 세 번째 경배의 대상이 되었다.[11] 또한 승자의 군기軍旗에 그 형상이 그려져, 황제의 장병들에게는 사기를 높여주고 반란군에게는 간담을 서늘하게 하여 싸우지도 못하고 투항하게 만들었다.[12]

세상에 어떻게 이런 강적이 있을 수 있었을까?

치우는 구려족九黎族의 추장이었다. 구려는 아마 9개 부락의 연합체였을 것이다.[13] 또한 부락마다 9개의 형제 씨족이 있어서 이른바 '팔십일 형제'라고 불렸다. 그들은 당연히 구려 혹은 구려족이라는 이름이었을 것이다. 치우족이라고는 하지 않았을 것이다. 치와 우는 모두

---

11 치우가 '병주'라 불리며 제왕이 천지에 올리는 제사에서 세 번째 경배의 대상이 되었다는 것은 『사기』「봉선서封禪書」참고.

12 황제가 치우의 형상을 이용해 장병들의 사기를 높이고 적을 위협했다는 것은 『사기정의史記正義』에서 『용어하도龍魚河圖』를 인용한, "황제는 마침내 치우의 형상을 그려 세상을 위협했다. 세상은 치우가 죽지 않았다고 말했고 모든 지역이 다 복종했다黃帝遂畵蚩尤形象以威天下, 天下咸謂蚩尤不死, 八方萬邦皆爲弭服"라는 구절 참고.

좋은 뜻의 글자가 아니기 때문이다.

치蚩는 충虫을 따른다. 충은 곧 타它이고 타는 곧 사蛇다. 그리고 치에서 충虫 자 윗부분은 지止, 즉 발가락이다. 그래서 치는 "뱀이 발을 문다"는 뜻이 된다.[14] 다음으로 우尤는 과실, 죄, 재앙이며 파생되어 원한, 질책, 추궁을 뜻하기도 한다.

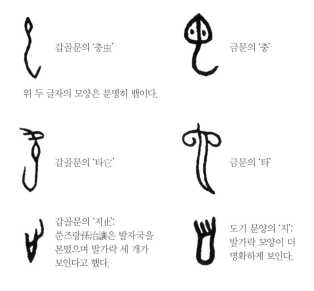

갑골문의 '충虫'

금문의 '충'

위 두 글자의 모양은 분명히 뱀이다.

갑골문의 '타它'

금문의 '타'

갑골문의 '지止':
쑨즈랑孫治讓은 발자국을
본떴으며 발가락 세 개가
보인다고 했다.

도기 문양의 '지':
발가락 모양이 더
명확하게 보인다.

결국 치우는 '사재蛇災', 즉 뱀의 재앙이다.

그러면 구려는 무슨 뜻일까? 아마도 '뱀이 출몰하는 지역의 사람

143

---

13 치우가 구려족 부락의 추장이었다는 것은 『사기정의』에서 인용한 공안국孔安國의 주 참고.

14 충虫, 타它, 사蛇가 옛날에 한 글자였다는 것은 뤄전위羅振玉의 『증정은허서계고석增訂殷墟書契考釋』 참고. 치蚩가 "뱀이 발을 문다蛇咬脚"라는 것은 저우처쭝周策縱의 「'우尤'와 치우에 관하여說尤'與蚩尤」와 쉬중수의 『갑골문자전甲骨文字典』 참고.

들'이라는 뜻일 것이다. 이것은 이탈리아의 위대한 예술가 레오나르도 다빈치의 경우와 흡사하다. 본명은 레오나르도Leonardo이고 다빈치da Vinci는 '빈치 출신'이라는 뜻이다.

치우는 물론 적들이 구려를 가리켜 부르던 호칭이었을 것이다.

사실 우는 아주 특이한 뜻을 갖고 있다. 출중한 인물이나 미녀를 뜻하는 '우물尤物'이 그 예다. 천두슈陳獨秀(1879~1942)는 우물, 호미狐媚, 호위虎威가 같은 유형의 단어들이라고 말했다.[15] 여자가 여우처럼 어여쁘면 호미라고 하고 남자가 호랑이처럼 사나우면 호위라고 한다. 역시 어떤 부락이 뱀의 재앙처럼 무시무시했다면 치우라고 불릴 수도 있었을 것이다. 이것은 어느 여자가 '구미호'라고 불린다고 해서 그것이 그녀의 본명일 수는 없는 것과 같은 이치다.

구려가 치우라고 불린 것은 역시 그들이 예외적으로 두려운 존재였기 때문일 것이다.

실제로, 전해지는 모든 기록에서 치우에 관한 묘사는 정말 공포스럽다. 몸은 짐승인데 사람의 말을 하고 모래와 돌을 먹는가 하면 구리 머리와 쇠 이마를 갖고서 갖가지 무술을 다 구사한다. 나아가 비바람을 일으키고 구름과 안개를 타고서 하늘을 날기까지 한다.[16] 이런 강적을 만나면 누구인들 간담이 서늘하지 않겠는가?

치우에게 승리를 거둔 뒤에도 염제와 황제는 두려움이 가시지 않았고 그에게 경외감을 느꼈다.

---

15 우물, 호미, 호위가 같은 유형의 단어라는 것은 천두슈의 『소학식자교본小學識字敎本』 참고.
16 치우의 형상은 『태평어람太平御覽』에서 『용어하도』를 인용한 부분과 임방任昉의 『술이기述異記』 참고.

그때 황제는 틀림없이 머리가 아팠을 것이다. 전쟁은 승패를 가르기가 어려운 것은 물론이고 승리를 하더라도 자신의 원칙과 이미지가 손상되면 그 승리가 빛나지 않다. 그럴 바에는 애초에 전쟁을 하지 않는 게 나은가? 그게 자기 마음대로 되면 얼마나 좋겠는가?

더구나 당시 중원 땅에는 '악명 높은 제국주의자' 염제까지 있었다. 역사의 무대에서 이미 오랫동안 활약해왔는데도 그들은 물러날 생각이 전혀 없었다. 비유를 하자면 황제는 제2차 세계대전 시기의 미국, 염제는 영국, 치우는 독일에 해당되었다. 물론 파시즘과는 무관했다.

보기에 양보는 불가능했고 예의도 소용이 없을 듯했다. 필요한 것은 오직 칼과 창뿐이었다.

염제, 황제, 치우 사이에는 전쟁이 불가피했다.

그것은 상고시대의 '삼국지'였다. 그 원인과 과정에 대해서는 오랫동안 논란이 이어져왔다. 그중 첫 번째 주장은 황제가 우선 염제와 판천阪泉에서 싸운 뒤, 치우와 탁록涿鹿에서 싸웠다는 것이다. 두 번째 주장은 치우가 먼저 염제를 공격해서 염제가 황제에게 도움을 요청했고, 그 결과 염제와 황제가 연합군을 구성했다는 것이다. 그리고 세 번째 주장은 치우가 황제에게 도전하여 황제가 응전했다는 것이며, 네 번째 주장은 염제와 황제가 함께 치우를 무찌른 뒤, 판천에서 세 차례 대전을 치러 자웅을 겨뤘다는 것이다.[17] 무엇이 옳고 무엇이 그른지는 알 길이 없다.

145

---

17 황제와 치우의 전쟁을 둘러싼 네 가지 견해에 관해서는 각각 『사기』 「오제본기」, 『일주서逸周書』 「상맥해嘗麥解」, 『산해경』 「대황북경大荒北經」, 판원란의 『중국통사』 참고.

전쟁은 틀림없이 참혹했을 것이다. 양쪽은 대규모 살상 무기와 상상을 초월하는 수단을 다 동원했다. 치우가 풍백과 우사를 불러 비바람을 일으키자 황제는 자신의 딸 한발旱魃을 시켜 홍수를 막게 했다고 한다. 또 치우가 하늘 가득 짙은 안개를 일으키자 황제는 지남거指南車를 발명해 포위를 뚫었다고 한다. 황제가 승리할 수 있었던 것은 구천현녀九天玄女에게서 부적과 병법을 받았기 때문이라는 설도 있다.[18] 샤머니즘, 과학, 종교가 차례로 동원된 그 전쟁에서 빠진 것은 생화학무기와 원자탄뿐이었다.

그때를 상상하면 분명 온 세상이 어두컴컴하고 들판에 시체가 가득한 채 피가 강물을 이루었을 것이다. 그래서 치우가 죽은 뒤, 그를 결박했던 나무 수갑과 족쇄가 단풍나무숲으로 변했다고 하는 전설이 이해가 간다.[19] 매년 가을만 되면 온 산과 들판에 붉은색이 넘실거렸을 테니까.

그것은 혈풍림血楓林, 즉 피에 물든 단풍나무숲이었다.

18 치우가 풍백과 우사를 불러 비바람을 일으킨 것은 『산해경』「대황북경」을, 지남거는 『태평어람』에서 『지림志林』을 인용한 부분 참고. 하늘이 구천현녀를 보내 황제에게 병법과 부적을 줘서 치우를 제압하게 한 것은 『사기정의』에서 『용어하도』를 인용한 부분 참고.
19 치우가 죽은 뒤, 그가 차고 있던 수갑과 족쇄가 단풍나무숲이 되었다는 것은 『산해경』「대황남경大荒南經」의 곽박郭璞 주 참고.

용의 깃발이
날리다

단풍나무숲에서 솟아오른 것은 황제의 전차였다.

　사방을 순찰하는 그 전차 아래에는 날개 달린 등사가, 위에는 봉황이, 앞에는 호랑이와 늑대가, 뒤에는 귀신이 있었다. 또한 옆에서는 이무기가 호위를 하고 필방은 마부 옆에서 조수 노릇을 했는데, 뜻밖에도 앞에서 치우가 길을 여는 역할을 했다.

　치우는 이미 죽지 않았던가? 죽은 치우가 어떻게 황제의 시중꾼이 됐을까?

　그것은 그리 이상한 일이 아니다. 상고시대에 씨족장과 씨족, 추장과 부락은 이름이 같았다. 예를 들어 복희족의 씨족장은 모두 이름이 복희였고 염제족과 황제족의 추장들도 다 이름이 각기 염제와 황제였다. 진한秦漢 이후의 천자가 모두 황제라고 불렸던 것처럼. 진시황은 자기가 시황제始皇帝이고 그다음에는 2세, 3세, 4세, 이런 식으로 자기 후손들이 만세까지 황제 자리를 이을 것이라고 말했다. 그러나 진나라는 2세 황제 때 망하고 말았다. 그 뒤의 황제들은 더 이상 2세, 3세라고 불리지 않았다. 재위 시에는 황제라 불리고 죽은 뒤에는 문제, 무제 같은 시호諡號와, 태조, 태종 같은 묘호廟號로 구분되었다.

애석하게도 상고시대에는 그런 규범이 없었다. 복희와 염제, 황제는 복희 1세, 복희 2세, 복희 3세 등으로 불리지 않았고 묘호와 시호도 없었다. 그리고 구려족의 추장은 본명이 무엇이었는지도 모른다. 이 책에서도 어쩔 수 없이 계속 치우라고 부를 수밖에 없다.

치우도 1세, 2세, 3세가 있었을 것이다. 전쟁에서 패해 살해당한 자는 전임 치우였을 테고 황제의 전차를 위해 길을 연 자는 후임 치우였을 것이다. 그가 황제의 총참모가 되었다고 하는 설도 있기는 하다.[20] 그의 패잔병들은, 일부는 황제에게 투항하고 일부는 남쪽으로 돌아갔다. 서주 시대까지 그들은 '여민黎民'이라고 불렀다.[21]

여민도 중국의 조상이다. 결코 일의 성패로 영웅을 논해서는 안 된다.

따라서 중국 민족의 시조는 염제, 황제와 치우다. 중국인들은 염제, 황제와 구려의 공동의 자손인 것이다.

그들을 통일한 이는 황제였다.

사실 황제가 중국 민족의 가장 중요한 시조 될 수 있었던 것은 과거의 감정에 연연하지 않고 포용책으로 통일전선을 구축했기 때문

20 전쟁에서 패한 뒤, 후임 치우가 황제의 '총참모'가 되었다는 것은 『사기정의』에서 『용어하도』를 인용해 "황제는 치우에게 병사들을 주관하여 천하를 바로잡게 했다帝因使之主兵, 以制八方"라고 한 구절 참고.
21 치우의 패잔병들을 '여민'이라고 한 것은 판원란의 『중국통사』 참고.

이다. 바로 그가 천하의 종족들을 규합하여 처음에는 하족夏族, 다음에는 화족華族, 그다음에는 화하華夏민족이라 불리는 중국 민족의 선조 집단을 형성했다. 물론 이 당시의 황제족은 하족이라고도, 심지어 민족이라고도 불릴 수 없었다. 아직 부족이나 부족의 초기 형태 정도였으니까.

황제의 전차 위에서는 틀림없이 용의 깃발이 휘날렸을 것이다.

용이 정말 황제족의 토템이었는지 아닌지는 굳이 규명할 필요도 없을 듯하다. 물론 유웅씨는 어떻게 봐도 용하고는 결부가 안 된다. 오히려 구려족의 토템이 용과 유사한 뱀이었을 것이다. 만약 황제가 패배자의 토템을 새로운 복합 토템의 주체로 삼았다고 한다면 그 도량은 정말 감탄할 만하다.

사실 용이 화하민족의 토템인지 아닌지는 굳이 따질 필요가 없다. 심지어 토템인지 아닌지조차 따질 필요가 없다고 본다. 확실히 용의 형상은 그전부터 있었다. 예를 들어 어룡魚龍, 반룡蟠龍(승천하지 못하고 땅에 서려 있는 용), 악어룡, 새머리 용, 사슴 머리에 물고기 꼬리를 가진 용, 돼지 머리에 소뿔이 달린 용 등 별의별 용이 다 있었다.[22] 물론 그 용이 꼭 이 용이라는 법은 없지만 황제가 옛날 것을 지금 용도로 재활용하지 않았다고 증명할 길도 없다. 예를 들어 뱀은 본래 생식숭배의 상징일 뿐이었지만 나중에 토템으로 변하지 않았던가?

더군다나 한 민족은 어쨌든 응집력이 필요하다. 이것은 하나의 핵

149

---

22 용의 초기 형상에 관해서는 간전웨이干振瑋의 「용무늬 도상의 고고학적 근거龍紋圖像的考古學依據」, 루쓰셴陸思賢의 「신화고증神話考古」, 왕셴성王先勝의 「황제부락의 토템은 무엇이었을까黃帝部落的圖騰是什麼」 참고. 그 증거로는 1만 년 전 산시성山西省 지현吉縣 스쯔탄柿子灘의 용무늬 암석화, 6000~7000년 전 자오바오거우문화趙寶溝文化의 새머리 용과 사슴 머리에 물고기 꼬리를 가진 용과 돼지 머리에 소뿔이 달린 용, 푸양濮陽 시수이포西水坡 양사오문화의 악어룡, 홍산문화의 곰, 말, 뱀 등을 결합한 형상의 옥룡玉龍, 네이멍구內蒙古 칭수이강淸水河에서 출토된 먀오디거우 유형의 거대한 어룡魚龍 조각상, 4000년 전 타오사陶寺 문화의 반룡蟠龍, 얼리터우二里頭 문화의 머리는 하나인데 몸이 둘인 용무늬의 도편陶片 등이 있다.

심, 하나의 의식儀式, 하나의 상징, 그리고 누구나 감정을 쏟아 부을 수 있는 하나의 대상이 있어야 한다는 말이다. 국기, 국휘國徽, 국가의 의미와, 장강長江(양쯔강), 만리장성, 황산黃山, 황하의 의의가 여기에 있다. 이것들은 물론 인류학적 의미의 토템은 아니지만 정치학과 사회학의 '광의의 토템', 즉 십자가나 초승달 모양, 다윗의 별 같은 상징물이나 로고로 간주될 수 있다.

용 역시 마찬가지다.

이미 수많은 중국인이 자신을 '용의 후손'이라고 생각하고 용을 '민족의 토템'이라고 생각하는데 구태여 용을 토템이 아니라고 부정할 필요는 없지 않겠는가.

사실 황제족의 토템에 관한 견해가 분분한 것은 황제 시대 후기에 이미 많은 부락의 느슨한 연합체가 있었음을 말해준다. 그중에는 염제족, 황제족, 구려족뿐만 아니라 동쪽의 이족, 서쪽의 융족, 남쪽의 만족, 북쪽의 적족狄族도 있었다. 그들의 관계는 가까운 것 같기도 하고 그렇지 않은 것 같기도 했다. 싸웠다가 화해하는가 하면 무역과 통혼도 했다.

부락연맹의 시대가 다가오고 있었다.

그 시대에도 세 명의 대표자가 있었다. 그들은 바로 요, 순, 우였다.

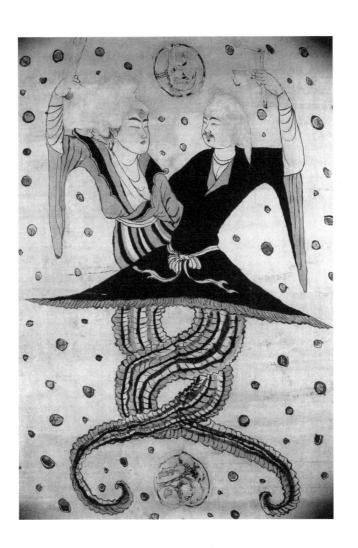

넘치는 홍수 속에서 중국 역사상 최초의 정권이 우뚝 솟아났다.
온정적인 선양제의 배후에는 살기를 감춘 놀랄 만한 사건이 도사리고 있었다.

제6장

요순이 수업을 마치다

요순은
실존 인물인가

요순 이야기만 나오면 두 눈을 반짝이는 사람이 많다.

요순은 중국 역사상 가장 존경받아온 성인이자 성왕聖王이다. 가장 좋았던 시대를 '요순의 시대'라고 하고 가장 훌륭한 제왕을 '요순 같은 임금'이라고 하며 가장 높은 이상을 '사람들 모두가 요순이 되는 것'이라고 할 정도다.

그들은 실로 세속의 신, 도덕의 신, 정치의 신, 통치계급의 신이다.

이런 신적인 존재는 언제나 의심을 사게 마련이다.[1]

요순도 마찬가지다. 그들은 내력도 불분명하고 그들의 행적은 검토가 필요하며 신분도 뚜렷하지 않다. 오제 중 마지막 두 인물인 요순은 사람일까, 신일까, 아니면 반인반신일까? 그것도 아니면 씨족이나 부락일까? 잘 모르겠다. 그러나 앞의 삼황을 보면 여와는 개구리, 복희는 뱀, 염제는 소이고 뒤의 오제 중 황제는 곰일 가능성이 크고 전

---

[1] 요순에 대한 의문이 일찍부터 있었다는 것은 구제강의 『중국상고사연구강의』 참고.

욱은 반은 사람, 반은 물고기이며 제곡은 새의 머리에 몸은 원숭이다. 요의 법무장관인 고요皐陶도 새의 입 혹은 말의 입을 가졌고 문화부장관인 장기長夔는 외다리 소다.[2] 이들은 모두 반인반수의 신적인 존재인데 어떻게 요순만 멀쩡한 인간이겠는가?

더구나 요순보다 늦거나 동시대에 살았던 곤鯀과 우도 있다. 곤은 사실 물고기다. 우는 벌레이거나 뱀, 심지어 용일 것이다.[3]

 정鼎에 새겨진 금문의 '곤鯀'

 반盤에 새겨진 금문의 '곤'

 정에 새겨진 금문의 '우禹'
글자 모양을 보면 우는 뱀이거나 뱀과 관련이 있다.

앞에는 별의별 동물이, 가운데에는 말과 소가, 뒤에는 물고기와 용이 있는데 요와 순만 온전히 사람이면 오히려 더 이상하지 않을까? 그리고 순의 이름이 '요중화姚重華'이고 요의 이름은 '희방훈姬放勳'이었다는 설도 있는데 전혀 상고시대 이름 같지 않다. 또 누구는 요의 이름이 '이기방훈伊祁放勳'이었다고 한다.[4] 일본인도 아닌데 설마 그럴 리가. 이런 이름들은 전부 조작된 것인 듯하다.

155 사실 공자 이전에는 요순에 관해 언급한 이가 전혀 없었다. 가장

---

2 전욱이 반인반어였다는 것은 『산해경』「대황서경大荒西經」을, 고요가 새의 부리 혹은 말의 입을 가졌다는 것은 각기 『백호통』「성인聖人」과 『회남자』「수무修務」 참고. 또한 제곡이 새의 머리에 원숭이의 몸을 가졌고 강이 외다리 소였다는 것은 위안커, 『중국신화전설』의 고증 참고.
3 허신의 『설문해자』에서는 "곤은 물고기다" "우는 벌레다"라고 했다. 또한 쑨이랑孫詒讓은 "우는 벌레 이름이고 벌레 모양을 닮았다"라고 했으며 가오훙진高鴻縉은 "우는 다리가 많은 벌레다"라고 했고 천방화이陳邦懷는 "글자가 파충류 모양이다"라고 했다. 모두 『고문자고림』 제10권에서 확인할 수 있다.

오래되고 믿을 만한 기록인 『시경』을 봐도 둘은 자취조차 보이지 않는다. 『상서尚書』도 오래되기는 했지만 그 안의 「요전堯傳」과 「순전舜傳」은 위작이다. 실제로 요순에 관해 논하기 시작한 것은 『논어』와 『묵자墨子』와 『맹자』부터다.

이것은 이치에 어긋나는 일이다.

사마천을 비롯한 후대 유가儒家의 관점에 따르면 하·상·주 3대의 시조는 모두 요순의 신하였다. 하나라의 시조 우는 순의 후계자였고 상나라의 시조 설契은 요의 민정장관이었으며 주나라의 시조 기棄(후직后稷이라고도 함)는 요의 농업장관이었다. 즉, 요와 순은 하·상·주 3대의 시조들의 상관이었고 요·순·우가 없었으면 하·상·주도 없었을 것이다.

그런데 『시경』에서 주나라 사람의 작품인 「대아大雅」, 노나라 사람의 작품 「노송魯頌」, 은나라 사람 혹은 은나라인의 자손인 송나라 사람의 작품 「상송商頌」을 보면 모두 우를 칭송하지, 요순을 칭송하지는 않는다. 설마 은나라, 송나라, 주나라, 노나라 사람들은 자신들의 최고 조상을 잊어버린 걸까? 그 두 조상이 하부터 상 그리고 서주와 동주에 이르기까지 계속 묻는 사람조차 없다가 춘추전국시대에 와서 갑자기 유명해진 것은 설마 무슨 문화재처럼 발굴되었기 때문일까?

그랬을 가능성이 크다.

요와 순이 완전히 가공의 인물이라면 공자가 그렇게 입이 닳도록 **156**

---

4 요의 성도 매우 불분명하다. 황제의 5대손으로서 성이 희姬여야 마땅한데도 말이다. 사마정은 『사기색은』에서 요의 성이 이기伊祁이고 전체 이름은 이기방훈伊祁放勳이라고 했다. 일본인인지 중국인인지 구별이 안 되는 이름이다.

이야기하지는 않았을 것이다. 그러나 그들의 공로가 그토록 위대했다면 『시경』에서 단 한 번도 언급조차 하지 않는 일은 없었을 것이다. 아마 사실은 이러했을 공산이 크다. 요순은 실제로 존재하기는 했지만 후대 사람들이 묘사한 것처럼 그렇게 신성한 인물은 아니었다. 그렇게 위대하지도 않았기 때문에 『시경』의 눈길을 끌지도 못했다. 하지만 어쨌든 존재하기는 했으므로 후대 사람들이 허풍을 칠 수는 있었다.

허풍을 친 이유는, 춘추전국시대에 예악이 무너지고 세상의 풍속이 옛날 같지 않게 어지러워졌기 때문이다. 공자 등은 자신들의 정치적 주장과 이상을 펼치기 위해 전전긍긍하며 과거의 망령을 불러냈다. 그러고서 옛날을 본받아 사회를 개혁하자고 외쳤다. 요와 순은 어느 구석에 처박혀 있던 케케묵은 종이더미 속에서 끄집어내져 도덕적 본보기의 기준에 따라 포장되어 출시된 '신상품'이었던 것이다.

안타깝게도 그 본보기는 줄곧 영향력에 한계가 있었고 조작된 인물이 진짜 인물이 되기는 역시 힘들었다. 요순의 전기를 보면 위대한 점을 찾기가 무척 힘들다. 그저 요는 검소하고 순은 효성스럽다고 느껴질 뿐이다. 요는 문지기만도 못한 생활을 했고 순은 아버지와 동생에게 몇 번이나 살해당할 뻔하고도 덕으로 원한을 갚았다.[5] 이 정도로는 절대 신성하다고까지는 말할 수 없지 않을까?

오히려 정반대되는 이야기가 더 인상적이다. 양보壤父라는 이름의 157 80세 먹은 악동은 아무 거침없이 "해 뜨면 일하고, 해 지면 쉬고, 우

---

5 요가 문지기만도 못한 생활을 했다는 것은 『한비자』 「오두五蠹」 참고.

물 파서 마시고, 농사지어 먹으니, 요 임금의 공덕이 내게 무슨 소용이 있으랴?"[6]라고 말했다.

거짓을 진실로 말할 버릇하면 정말 진실이 되곤 한다. 요와 순에게도 그런 면이 있었던 것은 당연하다.

---

6 양보의 말은 『고사전高士傳』 참고.

부락 대연맹

그런 면이 있었고, 있어야만 했지만 새로운 설명이 필요하다.

왜 있어야만 했을까? 시대가 어떤 상징을, 즉 대표자를 필요로 했기 때문이다. 부락의 대표자는 염제와 황제이고 국가의 대표자는 하나라의 계啓였다. 그러면 부락연맹의 시대는 누가 대표해야 했을까? 요순 말고는 대안이 없었다. 그들의 알려진 면모가 진짜든 가짜든 그것은 문제가 아니었다.

자, 내친김에 설명이 필요한 사항들을 전부 펼쳐보기로 하자. 첫째로 황제, 전욱, 제곡, 요는 조손祖孫이나 부자 같은 혈연관계가 전혀 없었다. 둘째, 요와 순은 실존 인물이기는 하지만 도덕적인 표본은 결코 아니었다. 셋째, 둘은 무슨 천자도 아니었다. 천자의 개념은 서주에 와서야 생겼고 그 목적은 정권의 정당성에 대한 합리화였다. 요순시대에는 아직 군주가 없었고 국가와 천하 개념도 없었는데 무슨 천

159

자를 논하겠는가?

천자가 아니면 무엇이었을까?

부락연맹의 CEO였다.

연맹은 황제 시대에 시작되었다. 그전에는 염제와 황제의 판천 전투, 황제와 치우의 탁록 전투 등의 전쟁이 있었다. 그것은 당시의 '제1차 세계대전'이었다. 당시 사람들에게는 중국 땅이 곧 전 세계였다. 아득히 멀리 떨어진 이집트, 수메르, 하라파 등은 그들의 시야에 없었다.

전쟁의 결과는 연맹이었고 연맹의 결과는 부족의 탄생이었다. 부족은 씨족에서 민족으로 넘어가는 과도기 단계이자 중간 고리였고 요순시대가 바로 부족의 시대였다. 그 뒤에야 민족으로 변했으니, 그것이 바로 우가 시조인 하족이다. 『시경』에서 우를 칭송한 것에는 이런 배경이 있다.

그러나 부족 시대의 대표자로서 요순도 중대한 의미가 있다.

요순은 부락연맹의 우두머리였다. 그때 상황은 아마 궈모뤄郭沫若(1892~1978)나 젠보짠翦伯贊(1898~1968)이 말한 것처럼 정치적 대표자나 군사적 대표자의 '이두제' 혹은 '이원집정제'였을 것이다.[7] 바꿔 말해, 한 사람은 CEO(최고 경영자), 다른 한 사람은 COO(최고 운영 책임자)였다. 처음에는 요가 CEO, 순이 COO였고, 다음에는 순이 CEO, 우가 COO였으며, 그다음에는 우가 CEO, 익益이 COO였다. 계가 선양禪讓을 폐지할 때 이 제도도 끝이 났다.

---

7 궈모뤄와 젠보짠의 견해는 각기 궈모뤄의 『중국고대사회연구』와 젠보짠의 『중국사논집』 참고. 그러나 궈모뤄가 요순 시대를 '모계중심사회'로 본 것은 논의가 필요하다.

CEO와 COO는 꼭 서로 혈연관계에 있지는 않다. 요, 순, 우는 없었다. 다 선출된 인물이었다. 선거권은 우선 '사악四岳'에게 있었고 순과 우도 그들에게서 추천을 받았다.

사악은 누구일까? 『사기』에는 설명이 없다. 사악이 한 사람인지, 네 사람인지, 아니면 더 많은 사람인지조차 불확실하다. 『국어』에서는 공공의 네 종손이라고 했지만 신빙성이 떨어진다.[8] 단지 당시의 대연맹 밑에 소연맹이 있었고 사악이 소연맹의 CEO나 COO였다고 하면 이야기가 된다.

사악 외에 '십이목十二牧'도 있었다.

십이목도 각 대부락의 추장이었다. 그 대부락들은 각지에 흩어져 있었고 추장들도 당연히 각지에 분산되어 있었다. 그런데 연맹에 중요한 사무가 있으면 꼭 본부까지 가서 회의를 해야 했으므로 각 대부락은 본부에 대표를 파견해 상주시켜놓았을 것이다. 그 대표들도 십이목이라고 불렀다.

그다음에는 '백성百姓'이다.

백성은 서민이 아니라 씨족장이다. 그 씨족들은 다 모계에서 비롯되어 하나같이 '성'이 있는 데다 성의 숫자가 많아서 백성이라 불렸다. 백성이라고 해서 꼭 백 개를 의미하는 건 아니다. 사악과 십이목이 꼭 네 명과 열두 명을 의미하지는 않는 것처럼 말이다. 어쨌든 넷, 열둘, 백은 각기 소연맹이 숫자가 가장 적고 부락은 조금 많으며 씨족이

161

---

8 사악이 공공의 네 종손이었다는 것은 『국어』「주어 하」 참고.

가장 많다는 것을 설명해준다.

그래서 상고시대의 백성(씨족장)은 사실 지위가 높았고 나중에 백관百官과 백공百工으로 불린다. 정말 지위가 낮았던 것은 여민黎民이었다. 여민과 백성이 한 단어로 합쳐진 것은 먼 훗날의 일이다.

백성: 씨족

십이목: 부락

사악: 부락연맹

요순: 부락 대연맹

이것이 바로 요순의 시대였을 것이다. 이브 시대에 약하고 분산되어 있던 점(원시공동체)이 여와와 복희 시대에 면(씨족)으로 변했고 염제와 황제 시대에 편(부락)을 구성한 다음, 지금 다시 권(부락연맹)이 되었다. 그것은 생존권이면서 문화권이었다. 한편 큰 권 밑에는 작은 권들이 있었다. 한 자리 숫자의 소연맹, 그다음에 십 단위의 편(부락)과 백 단위의 면(씨족)이 그 예다.

만약 대연맹이 이두제를 실행했다면 최고 경영자가 지위가 좀 더 높아서 우두머리 혹은 일인자 역할을 했을 것이다. 그렇다면 누가 우두머리였을까? 누가 우두머리가 돼야 하고 또 누가 우두머리가 될 수 있었을까?

권력의 선양인가,
탈취인가

우두머리의 일은 사람들을 규합하는 것이다.

중국인들은 일인자에게 무척 신경을 쓴다. 오랜 기간 중앙집권체제를 경험하면서 이인자는 일인자와 어마어마한 차이가 있다는 것을 알기 때문이다. 또한 진한 이후로 왕조가 바뀐 것은 궁정 쿠데타가 아니라 무장 투쟁을 통해서였다. 자, 이런데도 일인자의 지위를 선양할 수 있을까?

유가와 묵가는 그럴 수 있고, 그랬던 예도 있다고 말했다. 단지 후대 사람들의 마음이 옛날 같지 않아서 선양이 사라졌다고 했다. 이 일을 두고 공자와 맹자, 묵자, 심지어 도가까지 애통해했다.

그런데 사람들의 마음이 어째서 옛날과 달라진 걸까? 설마 상고시대 사람들과 후대 사람들이 서로 인간성이 다른 걸까? 인간은 다 같은 인간일 뿐이다. 상고시대 사람이든 지금 사람이든 예외는 없다.

163

그리고 인간성은 본래 선하면 선한 것이고, 본래 악하면 악한 것이다. 본래 선하다면 선양제가 폐지되었을 리 없고, 본래 악하다면 선양제가 존재했을 리 없다. 자, 어느 쪽이 사실일까?

이에 의문이 연이어 제기되었다.

선양제를 의문시한 인물로는 옛날에 한비와 유지기劉知己가 있었고 후대에는 캉유웨이康有爲(1858~1927)와 구제강顧頡剛(1893~1981)이 있었다. 한비는 "순은 요를, 우는 순을 핍박했다舜逼堯, 禹逼舜"라고 했고 『죽서기년竹書紀年』에서는 요가 순에 의해 평양平陽에서 연금을 당했다고 했다. 그리고 캉유웨이는 선양이 전국시대 유가의 '탁고개제托古改制', 즉 옛것에 의탁해 제도 개혁을 하려던 것에 불과하다고 했으며 구제강은 그것이 유가와 묵가가 약속이라도 한 듯 똑같이 저지른 조작이라고 했다.[9] 심지어 한비자는, 유가와 묵가가 모두 요순을 말하면서 자기 쪽의 관점이 옳다고 말하는데 요순이 다시 살아오지 않는 이상 누가 그 진위를 판별할 수 있느냐고 비꼬았다.

같은 요순에 대하여 저마다 의견이 다르니 어쩌면 모두 조작일 가능성도 있다.

그렇다면 순이 후계자가 되고 우가 직위를 이어받은 것은 권력의 선양이었을까, 탈취였을까?

선양이었다.

하지만 역시 새로운 설명이 필요하다.

---

9 한비자의 견해는 『한비자』「설의說疑」와 『한비자』「현학顯學」을, 캉유웨이의 견해는 『공자개제고孔子改制考』를, 구제강의 견해는 『첸쉔퉁 선생과 옛날 사서를 논하다與錢玄同先生論古史書』와 『선양에 관한 전설의 묵가 기원설禪讓傳說起于墨家考』 참고.

부락연맹의 CEO는 후대의 제왕과는 사뭇 달랐다. 대우도 별로 좋지 않고 권력도 그리 크지 않았다. 유가와 묵가는 요의 생활이 어렵고 검소했다며 도덕적 모범으로 떠받들었지만 사실 그것은 당시 생활수준의 한계를 보여주는 사례일 뿐이다. 요는 사치를 부리려 해도 부릴 형편이 못 되었을 것이다.

선양도 마찬가지다. 그것은 유가가 표방한 예양禮讓(예의를 갖춘 사양)도, 묵가가 고취한 상현尙賢(현자를 숭상하고 등용하는 것)도 아니었다. 도가가 주장한 무위無爲는 더더욱 아니었다. 그저 본래 있던 관습과 규칙일 뿐이었다. 부락연맹의 수장은 맨 처음에는 회의의 소집인이거나 사회자였을 뿐인데 누가 그 자리를 놓고 싸웠겠는가?

연맹 본부의 다른 공직자들, 이를테면 민정장관 설, 농업장관 기棄, 법무장관 고요, 문화장관 기夔, 수공업장관 희균羲均(또는 수倕), 그리고 명궁 예羿도 전부 의무를 다할 뿐이었다. 이러한 기풍 혹은 제도는 주대까지 이어졌다. 예를 들어 각국의 대부大夫들은 전부 자기 영지가 있으면서도 제후 일가에 봉사한다는 의미로 역시 의무를 다했다.

사실 연맹의 각 분야 책임자들은 동시에 자기 부락의 추장이기도 했다. 심지어 소연맹의 수장일 때도 있었다. 예컨대 기棄는 따로 후직后稷이라고 했고, 기夔와 예는 후기后夔, 후예后羿라고 했다.[10] 후后는 본래 우두머리, 지도자, 일인자라는 뜻이다.

연맹의 장관이나 내각 성원들은 전부 '후'였기 때문에 당연히 발언

---

10 기가 후기로, 예가 후예로 불렸다는 것은 『좌전』 소공昭公 28년 참고.

권이 크고 때로는 정책결정권까지 갖고 있었다. 예를 들어 홍수를 막을 총책임자를 뽑을 때, 요는 곤을 선호하지 않았지만 사악이 고집하는 바람에 할 수 없이 동의했다. 우두머리였고 옳은 의견을 가졌음에도 불구하고 요에게는 표결권이 없었던 것이다.[11]

반대로 사악과 십이목이 모두 추천하는 사안은 실현될 가능성이 높았을 것이다.

확실히 여기에는 도덕적 요소가 없고 '민주집중제'로 보기도 힘들다. 요가 부락연맹의 일인자가 된 것은 단지 그때 요의 부락이 가장 강한 실력을 가졌기 때문이다. 순과 우도 마찬가지 이유로 훗날 높은 자리에 오른 것이다. 사악과 십이목에게 발언권이 있었던 것도 그들의 실력을 무시할 수 없었기 때문이다. 누가 다른 누구를 집어삼키기 힘든 상황에서 함께 발전을 도모하려니 민주적으로 잘 상의하여 일을 처리해야 했다. 이것은 의심할 여지 없이 매우 현명한 선택이었다.

따라서 역사상의 요순은 실존했지만 도덕적인 요순은 조작된 것이다. 덕과 재능을 겸비했다느니, 인격이 높고 절개가 곧다느니, 온화하고 검소하며 겸손하다느니 하는 말들은 죄다 헛소리였던 것이다!

선양은 부득이한 양보였다.

11 요가 곤의 치수를 반대했다는 것은 「사기」 「오제본기」 참고.

숨겨진
살기

부득이한 양보였다는 것은 "양보를 안 할 수 있으면 안 하는 게 가장 좋다"는 뜻으로 이해할 수 있다.

그런데 앞에서와 마찬가지로 '실력'을 기준으로 얘기하면 연맹 안의 경쟁에서 가장 불리한 쪽은 신흥 부락이었다. 어떤 신흥 부락이 급속도로 발전하면 오래된 큰 부락들이 연합해 어떤 꼬투리를 잡아 토벌할 가능성이 컸다.

요도 이런 짓을 한 적이 있다. 그때 순도 공범이었다.

요순에게 토벌당한 것은 이른바 '사흉四凶'인 혼돈渾沌, 궁기窮奇, 도올檮杌, 도철饕餮이었다.[12] 아마도 눈에 띄게 반항적인 부락들이었을 것이다. 순의 공격으로 인해 그들은 철저히 격파되어 변경으로 쫓겨났다. 그들 중에는 황제와 전욱의 후손도 있었다고 한다.

얌전하고 고지식한 순은 사실 사악하고 잔인한 인물이었다.

167

---

12 '사흉'에 관해서는 『좌전』 문공文公 28년과 『사기』 「오제본기」 참고.

요순에게 제거당한 인물로 또 공공共工, 환두驩兜, 삼묘三苗, 곤이 있고 이들은 '사죄四罪'라고 불린다. 당연히 이들과 관련된 사마천의 서술은 예의바르고 완곡하다. 공공을 유릉幽陵에 유배 보낸 것은 "북적北狄을 변화시키기 위해서"였고, 환두를 숭산崇山으로 추방한 것은 "남만南蠻을 변화시키기 위해서"였으며, 삼묘를 삼위三危로 이주시킨 것은 "서융을 변화시키기 위해서"였다고 했다. 또 곤을 우산羽山에서 사형시킨 것은 "동이를 변화시키기 위해서"였다고 했다. 순이 쓴 악랄한 술책들이 평화로운 조치였던 것처럼 느껴진다. 심지어 그들에게 잘해준 것이 아닌지 의심이 들 정도다. 그러나 곤을 사형시켰다는 말이 유일하게 사건의 진실을 알려준다.

또한 토벌은 토벌일 뿐인데도 멋대로 죄명을 갖다 붙인 것을 볼 수 있다. 계속 "가르쳐도 소용없는不可教訓" 자들이라고 운운하는데, 죄를 덮어씌우려면 무슨 말인들 못 하겠는가? 이것은 요순을 도덕의 성전에 올려놓기 위해 그들이 전쟁을 일으킨 정당성을 확보한 것에 불과하다.

사실 세상에서 정의로운 전쟁은 오직 하나, 침략에 맞서는 저항뿐이다. 치우는 아마 황제족을 침략했을 것이다. 그러면 사흉이나 사죄도 요순을 침략했을까? 그렇지 않다.

사람을 막다른 곳까지 몰아붙여서는 안 된다. 남의 목숨을 해치고 재물을 빼앗으면서 없는 죄명까지 만들어 붙인 것은 심했다.

168

한편 『좌전』을 보면 사흉 토벌의 결과가 잘 나와 있다. "요가 세상을 떠났지만 천하는 하나같이 평온했고 사람들은 한마음으로 순을 받들어 천자로 모셨다堯崩而天下如一, 同心戴舜以爲天子"고 했다. 정말 천기를 누설하는 한마디다.

요순의 시대는 곳곳에 살기가 숨겨진 위험한 시대였다.

지금 생각해보면 공공, 환두, 삼묘, 곤이나 혼돈, 궁기, 도올, 도철은 분명 죽어서도 눈을 감지 못했을 것이다. 패배자 치우는 전쟁의 신이 되어 승리자에게서 최고의 존중을 받았는데, 그들은 치욕의 기둥에 못 박혀 영원히 악명을 뒤집어쓰게 되었으니까. 요순의 사람됨과 도량은 황제보다 한참 밑이었다.

원한과 억울함이 가득했던 건 후예도 마찬가지였다.

당시 후예는 얼마나 멋있었는지 모른다. 그의 붉은색 활과 눈처럼 흰 화살은 천지가 하사한 물건이었다.[13] 호랑이가죽으로 지은 조끼와 사슴가죽 신발도 틀림없이 있었을 것이다. 그때 핏빛 구름 속에서 열 개의 태양이 사방팔방으로 빛을 뿜어내며 용암 속의 황금빛 공처럼 꿈틀거렸다. 우리의 영웅은 까맣게 탄 대지 위에 서서 활에 화살을 매겨 9개의 태양을 쏘아 떨어뜨렸다. 하늘과 땅 사이에 태양의 신조神鳥가 떨어뜨린 금색 깃털이 날리고 귓가에는 아름다운 항아를 비롯한 만백성의 환호가 울렸다.[14]

169　　그 뒤 후예의 마지막은 억울하기 짝이 없었다. 천제天帝는 안면을

---

13 후예의 활과 화살에 관해서는 『산해경』 「해내경海內經」 참고.

14 어떤 학자는 후예가 태양을 쏜 이야기가 하나 은상 때 생겨났다고 본다. 하의 왕은 후后라고 불렸다. 예를 들어 하후夏候 계啓라고 했다. 하후는 태양을 자처했고 하의 달력은 천간天干을 기준으로 삼았다. 천간 10자(갑을병정무기경신임계甲乙丙丁戊己庚辛壬癸)는 곧 "하늘에 열 개의 태양이 있다"는 뜻이다. 더욱이 당시 사람들이 하후 걸을 저주한 민가民歌 가사를 보면 "네 이 망할 태양아, 언제 끝장나려느냐. 너와 함께 멸망하고 싶다!"라고 했다. 셰쉬안쥔謝選駿의 『적막한 신전空寂的神殿』 참고.

몰수하고, 제자들은 서로 반목하고, 아내는 도망쳤다. 이 과거의 영웅은 자포자기할 수밖에 없었고 어떻게 죽었는지조차 아무도 모른다. 그야말로 사랑도 권력도 다 잃은 꼴이다.

후예는 왜 태양을 쏘았을까?

이 사건이 고대 그리스에서 벌어졌다면 사랑과 질투의 이야기로 해석되었을 것이다. 달의 여신 항아가 훔쳐 먹은 것도 무슨 불로장생의 선약 같은 것이 아니었을 것이다. 그녀가 달로 도망친 것도 사실 불륜 때문이었을 테고 말이다. 태양신 후예가 쏘아 죽인 것도 실제로는 항아의 정부였을 것이다.

그러나 중국에서는 전혀 다른 의미의 사건이었다.

구사일생

열 개의 태양이 한꺼번에 나타났다는 것은 당시 요의 근심거리에 대한 비유다.[15]

요의 근심은 필연적인 결과였다. 말을 안 듣고 마찰을 빚는 부락이 무척 많아서 대응하기가 쉽지 않았다. 예를 들어 혼돈은 미친 척하는 자였다. 누구는 그가 바로 환두였다고도 하는데, 환두는 사람 얼굴에 새의 부리와 날개를 가진 괴물이었다. 또 공공은 물의 신이면서 불의 신 축융祝融의 아들이었고 일찍이 전욱과 왕의 자리를 놓고 다투다가 하늘을 받치는 기둥, 부주산을 들이받아 부러뜨렸다. 공공과 환두는 다 연맹의 내각 성원이기도 했다. 이 둘의 반란은 요를 근심에 빠뜨리기에 충분했다.[16]

더구나 삼묘, 궁기, 도올, 도철 등도 문제였다. 이쪽을 단속하다보면 저쪽에 말썽이 생기는 형국이었다.

---

15 요의 시대에 열 개의 태양이 나타났다는 것은 『회남자』 「본경本經」 참고.

16 혼돈이 곧 환두였다는 것은 『사기정의』를, 환두가 사람 얼굴에 새의 부리와 날개를 가졌다는 것은 『산해경』 「해외남경海外南經」 참고. 공공이 물의 신이면서 일찍이 전욱과 왕의 자리를 놓고 다퉜다는 것은 『좌전』 소공 17년을, 공공이 불의 신 축융의 아들이었다는 것은 『산해경』 「해외남경」을, 공공과 환두가 동료였다는 것은 『사기』 「오제본기」 참고.

회유책은 대부분 통하지 않았다. 그때는 아직 제정帝政 시대가 아니었기 때문에 누구든 힘만 있으면 우두머리가 되고 천하통일을 꿈꿔볼 수 있었다. 따라서 반항 세력에 대응하는 유일한 방법은 토벌이었다. 대부락과 소연맹이 반항하면 요 같은 우두머리가 직접 나섰다. 그렇지 않고 소부락과 소씨족이면 '아우'를 보내 처리했다. 물론 뒤처리는 깔끔해야 했다.

예는 그런 아우나 부하였을 것이다. 그의 화살에 맞아 떨어진 9개의 태양은 9개이거나 더 여러 개의 소부락이었을 것이고, 그들은 태양신을 숭배하는 무리였을 수도 있고, 아니었을 수도 있다. 그들을 태양이나 태양의 부락이라 말한 것은 그들의 '죄상'을 과장하기 위한 눈속임이었을 수도 있다. 하지만 그들이 요의 헤게모니를 위협한 것은 사실이라고 할 수 있다.

결국 반항 세력을 제거하는 전쟁에서 예는 요의 선봉이면서 속죄양이었다. 그런 일은 떳떳하지 못하고 밖으로 드러내서는 안 되었기 때문에 일이 다 마무리된 뒤, 예는 자기가 재수 없게 이용만 당했음을 절감해야 했다.

9개 혹은 더 여러 개의 소부락은 이렇게 제거당했다.

구사일생으로 살아남은 자는 곤의 아들 우밖에 없었다.

우도 태양의 부락이었을까? 그랬을 가능성이 크다. 하나라는 태양을 신으로 삼았으니까. 그리고 바로 하나라 사람들이 태양을 숭배했기 때문에, 곤과 함께 박해를 당한 그 종족들은 나중에 태양의 부락으로 추인되었을 것이다.

그러면 곤은 왜 박해를 당했고 우는 또 어떻게 목숨을 건졌을까?

한 가지 설명만이 가능하다. 그들은 대단히 빠르게 발전했다. 곤은 물고기였을 가능성이 크며, 적어도 물고기와 어떤 관련이 있었을 것이다. 물고기는 여성생식숭배의 상징이다. 그리고 우는 벌레이며 장충長蟲, 즉 뱀이었고 나중에 용으로 변했다. 용과 뱀은 남성생식숭배의 상징이다. 곤이 우를 낳은 것은 모계가 부계로 변한 것뿐 아니라 신속하게 부락을 이루었음을 뜻한다. 물론 그들이 줄곧 모계의 호칭을 유지하며 곤 씨족에서 곤 부락이 되었다가, 우가 부락을 재건한 뒤에야 개명했을 가능성도 있다.[17]

어쨌든 이 종족의 갑작스러운 부각은 요순에게 두통거리였다. 처음에는 우려하고 경계하는 데 그쳤지만 나중에는 살의를 품게 되었다.[18] 결국 곤은 순에 의해 우산에서 사형을 당했고 그것은 사실 오랫동안 진행된 음모의 결과였다. 애초에 요는 곤을 홍수를 막을 총책임자로 뽑는 것에 반대했다. 기술에 어둡고 자질도 떨어진다는 이유 때문이었다. 이로부터 곤의 죄명이 미리 조작되어 있었음을 알 수 있다. 치수에 전력을 기울이지 않았다는 것은 그저 구실일 뿐이었다. 당시에 문책의 제도가 있었다 해도 형량이 그렇게까지 무거울 필요는 없었다. 더구나 곤은 도덕적으로 타락한 인물도 아니었다. 오히려 굴

---

17 곤이 물고기라는 것은 허신의 『설문해자』를. 우가 도마뱀일지도 모른다는 것은 자오궈화의 『생식숭배문화론』을. 우가 곤의 뱃속에서 태어났다는 것은 『초사』 「천문」과 『산해경』 「해내경」을. 배를 갈라 곤을 출산시켰다는 것은 『산해경』 「해내경」 주의 『개서開筮』 인용 부분을. 우가 머리에 긴 뿔이 달린 규룡이었다는 것은 양콴楊寬의 『중국상고사도론』과 위안커의 『중국신화전설』 참고.
18 순이 치수를 등한시했다는 죄목으로 곤을 죽였다는 것은 『사기』 「하본기夏本紀」 참고.

원은 곤이 강직한 성격 때문에 제 명에 못 죽었을 것이라고 말했다.[19]

곤은 억울하게 살해당한 것이 분명하다.

억울하게 살해당한 곤은 죽어서도 눈을 감지 못했다. 그의 시체는 3년 동안 썩지 않았고 뱃속에서 새로운 생명을 잉태해 길렀다. 다른 방법이 없었다. 배를 갈라 아기를 꺼낼 수밖에. 그러자 뿔이 하나 달린 용인 규룡虯龍이 튀어나와 하늘로 솟구쳐 올라갔고 이내 사람이 되었다. 그가 바로 우다. 우를 낳은 곤은 누런 곰이나 세 발 달린 새로 변해 우산 혹은 우수羽水에서 출몰하며 울부짖었다고 한다.[20]

굉장한 일이다. 죽은 곤이 알아서 후계자를 만들어냈으니까.

그런데 요순의 이런 범죄 행위는 훗날 유생들에 의해 지워지고 증거도 말끔히 소각되었다. 그들은 심지어 남에게 죄를 뒤집어씌우기까지 했다. 곤이 식양息壤(스스로 증식하고 절대 줄어들지 않는 토양)을 훔친 죄로 천제가 파견한 축융에게 살해당했다는 이야기를 꾸며낸 것이다.[21] 이 우스꽝스러운 이야기는 곤을 프로메테우스 유의 영웅으로 만들었다. 하지만 죽은 영령을 위로할 수는 있을지언정 죄를 은폐하지는 못했다. 살인자의 악랄함과 피살자의 억울함은 황하에 빠뜨려도 끝내 씻기지 않았다.

연맹의 우두머리 자리가 뭐 그리 큰 권력과 이익을 보장한다고 그렇게 쟁탈전을 벌였을까?

그때는 초기였다. 나중에는 완전히 달라진다. 권력이란 것은 일단 **174**

---

19 곤이 강직한 성격 때문에 제 명에 못 죽었다고 굴원이 말한 것은 『초사』「이소離騷」 참고.
20 곤이 누런 곰이나 세 발 달린 새로 변했다는 것은 『좌전』 소공 7년과 그 주 참고.
21 곤이 축융에게 살해당했다는 것은 『산해경』「해내경」 참고.

생기고 나면 스스로 팽창한다는 것을 알아둬야 한다. 권력을 장악한 자는 이내 권력에 중독되고 말이다. 요는 이미 중독된 상태였다. 순을 기용하고 20년, 이어 그에게 직무를 대리하게 한 지 8년을 꼬박 손에서 권력을 놓지 않았는데 이것이 무슨 선양인가? 순의 중독은 더 심했다. 만약 남쪽을 순방하다가 객사하지 않았다면 절대로 권력을 내놓지 않았을 것이다.

진상은 아마도 이랬을 것이다. 곤과 우의 종족은 당시 가장 발달된 치수 기술을 보유하고 있었다. 그 기술은 곤의 씨족시대에는 아직 덜 성숙했지만 우의 부락시대에 와서 크게 발전했다. 요의 부락과 순의 부락은 부러워하고 질투하면서도 달리 어쩔 도리가 없었다. 사실 그 시대에는 앞선 기술을 가진 자가 앞선 생산력과 문화를 대표하고 세상의 우두머리가 될 수 있었다. 나중에 청동기 기술을 가진 상나라가 그랬고, 농업기술을 가진 주나라도 그랬다. 그리고 이 순간, 치수 기술을 가진 우 역시 그랬다.

억울하게 죽은 곤은 비로소 눈을 감을 수 있었다. 넘쳐나는 홍수 속에서 자기 자손이 역사의 주역으로 우뚝 솟아올랐기 때문이다.

마지막
임무

지금 우가 순 앞에 섰다.

치수를 성공시킨 우는 연맹 본부에 와서 업무 성과를 보고했을 것이다. 순은 그에게 뾰족한 검은 돌로 만든 훈장을 하사했을 테고 말이다.

그것은 껄끄러운 만남일 수밖에 없었다. 사마천은 애써 화기애애한 분위기를 묘사하려 했지만 뜻대로 되지 않았다. 순은 우에게 위로나 칭찬의 말을 하지 않았고 우는 순의 공덕을 칭송하지 않았다. 단지 신임 법무장관인 고요가 옆에서 도덕과 정신문명 수립의 중요성에 대해 장황하게 늘어놓다가 우에게 지적을 받았다. 우는 "당신이 말하는 것들은 요도 못 해낼 것 같군그래"라고 답했다.

그러자 순도 어쩔 수 없이 입을 열었다.

"자네도 건설적인 의견을 좀 내보게."

우의 대답은 뜻밖이었다.

"제가 무슨 드릴 말씀이 있겠습니까? 제가 매일 생각하는 것은 부지런히 쉬지 않고 일하는 것뿐입니다. 홍수가 나면 백성이 편히 살지 못하므로 저는 온갖 곳을 다니며 가난한 이들을 찾고 고충을 묻습니다. 그리고 익益과 직稷과 함께 백성의 배고픔을 해결해줍니다. 형님, CEO는 정말 하기 힘든 일입니다. 항상 겸허하고 신중하며 천지와 양심 앞에 떳떳해야 하니까요."[22]

그때 우의 수행원들도 그 자리에 있었는지는 잘 모르겠다. 만약 있었다면 틀림없이 시커멓고 비쩍 마른 거지꼴의 사람들이 쇠뭉치처럼 웃지도, 말하지도, 꼼짝하지도 않고 있었을 것이다.[23]

순과 고요가 어떤 표정을 지었을지 궁금하다.

사마천은 여러 번 심사숙고해 깔끔하게 윤색을 하고 빈틈을 채워서 이야기를 전개했지만 그래도 허점을 다 없애지는 못했다. 그 허점이 아주 미세한 얼룩에 불과하기는 하지만 말이다.

눈길을 끄는 것은 두 부분이다.

첫째는 회견이 끝나자마자 고요가, 우의 언행을 본받아야 하며 그렇지 않으면 죄로 간주하겠다고 모두에게 명령을 내린 것이다. 둘째는 헤어질 즈음에 순이 한숨을 쉬면서 앞으로는 무슨 얘기든 뒤에서 수군거리지 말고 앞에서 해달라고 당부한 것이다.

자, 어쨌든 서녘의 태양이 지려고 한다. 요순의 시대가 곧 끝날 것

---

22 우와 순, 고요의 대화는 『사기』 「하본기」 참고.
23 우의 수행원에 관한 묘사는 루쉰의 「홍수를 다스리다理水」 참고.

이다.

사실상 우는 부락연맹의 마지막 CEO였다. 그가 이 마지막 임무를 마쳤을 때, 그의 아들 계啓는 선양제를 완전히 뒤집고 세습제를 실행하여 중국 역사상 최초의 국가인 하나라를 세웠다.

우는 상고시대의 조조曹操였고 계는 상고시대의 조비曹丕였다.

그것은 역시 시대적 추세 때문이었다.

모두가 알고 있듯이 우와 계 이전에는 줄곧 두 가지가 서로 어긋나지 않고 나란히 발전하며 인과관계를 유지했다. 그 두 가지는 바로 부와 권력이었다. 그것들은 이브가 대표하는 원시공동체 시대에는 존재하지 않았다. 여와가 대표하는 모계씨족 시대에 비로소 잉여자원이 생겨나 재산 관념이 탄생했다. 이어 재산의 귀속권 문제가 부각되자 남성은 부의 주된 창조자로서 부계의 계승권 확인을 요구하기에 이르렀다. 이에 복희를 기점으로 모계가 부계로 변했고 그에 따라 권력도 생겨났다. 이후의 발전은 씨족에서 부락, 그리고 부락연맹에 이르렀고 권력과 부는 갈수록 우두머리들에게 집중되었다. 그러다가 마침내 우두머리들은 권력도 재산과 마찬가지로 부계의 혈통에 따라 계승되어야 한다고 강력히 요구했다. 이것이 곧 요순과 우의 시대에 펼쳐졌던 천하의 대세였다.

제도의 혁명은 피할 수 없는 추세였다.

이제는 하나의 기관, 하나의 칭호, 하나의 명분, 하나의 견해가 있 **178**

어서 새로운 제도에 사회 전체가 인정하는 도장을 찍어줘야 했다.

사실은 그것 역시 발명의 결과였다.

그것의 이름은 곧 국가였다.[24]

바로 그때, 중국 민족은 세계 각국의 민족들과 함께 선사시대의 공동의 길을 완주했다.

다음 단계에서는 각자 자기 길을 가야만 했다.

179

---

[24] 국가의 탄생에 관한 서술은 엥겔스의 『가족, 사적 소유 및 국가의 기원』 참고.

얼음을 깨는 항해

1. 출발점

2011년 5월 12일, 나는 상하이에 가서 우징롄吳敬璉 선생을 뵙고 학술적인 문제들에 대한 가르침을 청했다. 그런데 마지막에 선생은 거꾸로 내게 질문 하나를 던졌다.

"자네는, 자네가 말하는 역사가 진실인지 어떻게 보증할 수 있나?"

실로 일리 있는 질문이었다.

내가 알기에 이것은 많은 사람이 묻고 싶어하고, 또 대답하기 어렵지 않은 질문이다. 다만 그전에 먼저 우리에게 왜 역사나 역사학이 있어야 하는지 이해해야 한다.

그것이 더 근본적인 문제다.

그렇다, 우리는 왜 역사가 있어야 하며 역사를 배우고 가르치고 토 **182**

론해야 하는가? 한가할 때 이야깃거리로 쓰기 위해서일까? 그것은 각양각색의 야사, 소문, 유언비어만으로 족하며 진실인지 아닌지 가릴 필요도 없다. 그러면 권모술수를 배워 인간관계를 처리하고 누구라도 능숙하게 상대하기 위해서일까? 그 정도는 꼭 역사가 아니라도 『삼국지연의』 같은 것만 봐도 충분하며 역시 진실인지 아닌지는 중요치 않다.

그렇다면 왜 항상 누군가는, 그런 사람이 비록 일부라 하더라도 역사의 진실성을 극히 중시하여 허구보다 정설에 더 흥미를 느끼는 걸까?

아마도 진실을 추구하는 것이 인간의 본성이기 때문일 것이다.

진실은 언제나 매력적이게 마련이며 타고난 우리의 소박한 호기심을 만족시킨다. 이런 호기심은 일부 동물에게서도 발견된다. 예를 들어 과학탐사대가 북극해에 몰래카메라를 설치해놓으면 아무리 눈덩이로 잘 위장해놓아도 북극곰들에게 죄다 해체되고 만다. 그것이 대체 무엇인지 궁금해하기 때문이다. 아이들이 장난감을 해체하는 것도 똑같은 이유 때문이다.

호기심은 자연스러운 것이다.

사실 호기심은 모든 문화와 문명이 이뤄낸 성과의 출발점이나 다름없다. 과학은 자연에 대한 호기심, 예술은 영혼에 대한 호기심, 종교는 궁극에 대한 호기심, 문학은 삶에 대한 호기심이다. 샤머니즘도 마찬가지로 운명에 대한 호기심이다.

그러면 역사는 어떨까?

2. 목적지

외견상 역사는 과거에 대한 호기심 같지만 실제로는 그렇지 않다.

어쩌면 역사는 '이야기'이자 이미 지나간 사건이다. 사람들이 알든 모르든, 정설이든 허구든, 또 어떠한 양상이든 전혀 변경될 여지가 없다. 그렇다면 우리는 왜 굳이 역사의 진실을 알려고 할까?

우리가 바로 역사이고 역사가 바로 우리이기 때문이다. 알게 모르게 우리는 각자 역사 속에서 생활한다. 우리의 오늘은, 내일에 있어 역사다. 이 순간이 어제의 연속인 것처럼.

역사를 이해하는 목적은 자신을 똑똑히 바라보기 위해서다.

그러려면 전후 맥락을 알아야 한다. 원인을 알아야만 결과를 알 수 있다.

부연하자면 근원을 추구하는 목적은 문화의 계통을 수립하고 아이덴티티를 실현하며 삶의 좌표를 찾기 위해서다. 그것이 우리 목적지다.

더욱이 유년기는 돌아볼 가치가 있다. 누가 자기를 낳았는지, 집은 **184**

어디였는지, 어릴 적 자신이 어떤 모습이었고 얼마나 천진하고 짓궂었는지 알고 싶어하지 않는 사람은 없다. 바로 이런 이유 때문에 '이중톈 중국사'의 1부는 '중국의 뿌리'이고 그 1권은 『선조』다.

선조를 찾는 것은 근본을 찾는 것이다.

그것은 매우 어려운 일이다. 하늘의 별들은 말이 없고 지하의 유물도 말이 없다. 그것들은 하나같이 침묵으로 태곳적 비밀을 지키고 있다. 아마도 지구의 마지막 날이 되어서야 입을 열지 않을까.

도움이 되는 것은 신화와 전설밖에 없는 듯하다.

신화와 전설은 민족의 유년기 기억이다. 유년기의 기억은 모호할 수밖에 없고 심지어 혼란스럽다. 더욱이 합법적으로든 불법적으로든 다른 재료가 섞이게 마련이다. 그리하여 형형색색의 신화와 동화와 거짓말과 허튼소리가 한데 어우러져 단단한 얼음으로 굳어졌다.

우리 함대는 막 출발하여 단숨에 북극해에 들어섰다.

3. 북극해

얼음은 2000~3000년 전, 심지어 더 이른 시기에 만들어져 지금까지 수많은 지혜로운 자의 눈을 속여왔다. 예컨대 여와와 복희가 다 사람 머리에 뱀의 몸을 가졌고 부부나 남매관계였다고 했다. 또한 염제가 성이 강姜이고 황제가 성이 희姬인 것은 각기 강수와 희수에 살았기 때문이라고도 했다. 이런 견해들은 기본적으로 학계에서 널리 받아들여졌으며 그 허구성을 꿰뚫어본 사람은 매우 적었다.

여기에 요순조차 극히 미심쩍은 인물들이다.

미심쩍은 것은 이상한 일이 아니다. 사실 문자로 이뤄진 역사는 어떤 것이든 헤게모니를 쥔 자에 의해 씌어지며 언제나 통치계급의 사상이 절대적 지위를 갖는다. 그들은 통제권을 획득하고 유지하기 위해 주류 이데올로기로 신화와 전설을 포장해 세상에 유통시켰다.

여기서 우리는 면밀한 시각을 필요로 한다. 하지만 그렇다고 해서 신화와 전설을 전면적으로 부정해서는 안 되며, 보기에 황당하기 짝이 없는 그 단편적인 말들을 일일이 불합리하다고 치부해서도 안 된다. 반대로 모든 민족의 신화와 전설은 역사적으로 인상적이었던 순간의 기록이면서 하나같이 문화의 어떤 비밀과 꿈을 간직하고 있다. 신의 세계는 곧 인간의 세계이며 신의 역사도 인간의 역사이면서 인류의 자기인식의 역사임을 알아둬야 한다. 단지 구름과 안개에 가려져 진실과 거짓을 구분하기 어렵고 기록이 상세하지 않을 뿐이다.

그런 '다빈치코드'들을 해독해야 한다.

사실 전설 속의 신과 인간은 문화의 기호와 코드이며 상고시대 역사의 상형문자다. 신비의 색채만 지운다면 우리는 미궁을 열고 희미하게나마 진실을 마주할 수 있다.

186

이제 문제는 어떻게 진위를 판별하여 우리의 얼음을 깨는 항해를 마치느냐 하는 것이다. 방향과 항로와 섬의 명칭이 잘못 표시된 해도 海圖 한 장으로는 역부족이다.

아무래도 내비게이션이 필요할 듯하다.

4. 내비게이션

내비게이션의 구성 요소는 세 가지다. 바로 직관, 논리, 증거다.

직관은 필수적인 요소다. 무엇이 틀렸고 어디에 문제가 있으며 검토해야 할 문제가 무엇인지 알려준다. 이런 능력은 천부적인 재능에서도, 그리고 경험에서도 비롯된다. 예를 들어 내 경험에 의하면 사람들이 당연하다고 생각하는 것일수록 문제가 더 많다. 이와 마찬가지로 역사학자들이 모두 동의하는 부분에서 오히려 오류가 많이 발견된다. 관변 이데올로기와 국민의 집단적 무의식이 빚어낸 역사는 본래의 모습이 아닐 때가 많다. 아마도 그 뒤에 숨겨진 얼굴이 더 진실할 것이다.

그러므로 우리에게는 회의, 비판, 분석, 실증에 덧붙여 과학정신이 필요하다. 이 정신이 있으면 책만 파고드는 일이 없으며 직관을 갖게 된다. 그래서 나는 1988년에 자오궈화趙國華 선생의 『생식숭배문화론』을 읽고 여와가 '뱀누이동생'이었을 리가 없고 '개구리여신'이었을 것이라고 단정했다. 그리고 곤은 우의 아버지가 아니라 어머니여야만 했다. 혹은 그 종족이 모계씨족, 부계씨족, 부락의 세 단계를 거쳤고 곤은 모계씨족 시기의 종족 이름이었을 수도 있다. 그 이름은 부락 시기까지 쓰이다가 결국 부계를 대표하는 우로 바뀌었을 것이다.

이상은 논리적 추리로 증명한 내용이다. 논리는 모든 문화적 현상과 모델의 발생 순서를 결정한다. 사실 원시시대 사람들은 어머니가 누구인지만 알고 아버지가 누구인지는 알지 못했다. 또한 세계 각 민족의 가장 오래된 신은 예외 없이 여신이며 어쨌든 모든 인간은 여자 뱃속에서 나오게 마련이다. 그러므로 남성생식숭배는 틀림없이 여성 생식숭배 다음에 나타났다. 그다음은 토템숭배와 조상숭배였다. 사실이 이러한데 여와가 어떻게 복희와 함께 뱀이었겠는가? 물고기 숭배와 관련된 곤은 또 어떻게 뱀 숭배의 우와 부자관계일 수 있었겠는가?

논리는 지식과 경험보다 중요하며 권위 있는 학설보다 더 믿을 만하다. 왜냐하면 논리는 사유화되지 않는 것이어서 강권에 굴복하지도, 대중과 타협하지도, 학계에 영합하지도, 매체의 '비위를 맞추지도 않기 때문이다. 만약 직관과 논리가 일치한다면 결론은 진실과 크게 어긋날 리가 없다.

필요한 것은 증거뿐이다. **188**

5. 디스커버리호

증거에는 세 가지 종류가 있다.

첫 번째는 신해혁명 이후 선배 사학자들이 이뤄낸 연구 성과다. 그들 중 다수는 동서양 학문에 모두 능하여 청대 고증학의 기초에 근대 서양학의 시각까지 겸비했기 때문에 꽤 신빙성 있는 결론들을 도출했다. 두 번째는 비교적 믿을 만한 역사 전적典籍이다. 『시경』과 『좌전』이 그 예이며 『상서』와 『국어』는 주의해야 한다. 그리고 가장 믿을 만한 것은 세 번째, 출토된 유물과 고문자다. 갑골문과 금문, 채도와 청동기는 거짓말을 할 리도, 뭔가를 덧붙일 리도 없다. 따라서 앞의 첫 번째, 두 번째 증거와 이 세 번째 증거가 상충하면 반드시 세 번째 증거를 기준으로 삼아야 한다.

절대적인 진실은 누구도 얻을 수 없다. 그러나 이 세 가지 증거가 있으면 상대적인 진실에 좀 더 가까이 갈 수 있다.

선배 학자들에게 감사를 전한다. 그들은 일찍이 고대 문헌들의 미심쩍은 부분을 발견했다. 문자학자들에게도 감사를 전한다. 그들은 일찍이 고대 문화의 비밀을 밝혀냈다. 그리고 국제관계학원 리펑보李蓬勃 선생에게도 감사를 표해야겠다. 그는 내가 아직 『고문자고림古文字

詁林』을 사지 못했을 때 관련 내용을 사진에 담아 이메일로 보내 나의 오해와 오독을 수정해주었다.

그래서 나는 여와가 개구리이고 복희가 양이었던 것을, 그리고 염제가 삼황이고 황제의 성이 황이 아닌 것을 확인했다. 이밖에 새로운 발견도 있었다. 그것은 염제의 어머니가 '양치기 여자'였고 황제의 엄마는 '미인'이었으며 치우는 사실 '사재蛇災', 즉 뱀의 재앙이었다는 것 등이다. 이 결론들은 모두 위의 세 가지 증거를 기반으로 하며 바로 이 증거들이 우리 발견의 여정을 보장한다.

북극해에서 쇄빙선의 기세는 그 무엇도 막을 수 없다.

그것의 이름은 '발견'을 뜻하는 디스커버리호다.

직관과 논리와 증거를 내비게이션으로 삼고 선배 학자들과 역사 전적과 유물 및 고문자의 호위를 받는다면 디스커버리호는 타이타닉호가 될 리는 없을 것이다.

6. 첫 항해

쇄빙선은 곧장 목적지에 다다랐다.

이번 항해의 목적지는 문화의 계통이었고 그다음에는 아이덴티티였다.

190

그것은 '이중톈 중국사' 첫 세 권의 임무이기도 하다. 1권 『선조』에서는 선사시대 문화의 계통을 수립하고 2권 『국가』에서는 세계문명의 계통을, 3권 『개척자』에서는 중국문명의 계통을 수립한다. 계통을 수립해야 좌표가 오차 없이 분명해진다.

이 때문에 이번 권에서는 다음과 같은 결론을 얻었다. 선사시대부터 문명시대까지 인류의 사회조직은 원시공동체, 씨족, 부락, 부락연맹, 국가의 순서로 발전했다. 문화의 정도를 보면 그것들은 각기 점, 면, 편, 권, 국이라고 부를 수 있다. 그중에서 원시공동체는 이브가, 씨족은 여와와 복희가, 부락은 염제와 황제가, 부락연맹은 요와 순과 우가 대표한다. 마지막으로 국가는 하와 상과 주가 대표하는데, 자세히 말하면 하는 부락국가를, 상은 부락국가연맹을, 주는 국가연맹을 대표한다.

씨족에서 부락, 그리고 국가에 이르기까지 각기 저마다의 문화적 표지가 있었다. 중국사에서 그것들은 순서대로 생식숭배, 토템숭배, 조상숭배였다. 생식숭배와 토템숭배는 세계의 어느 민족이나 가졌던 것이지만 조상숭배는 중국만의 것이다. 바로 그것이 그 뒤 중국 민족의 길을 결정지었다.

그래서 조상숭배는 2권에 가서 이야기되지만 중국문명의 가장 핵심적인 비밀은 3권에서 밝혀질 것이다. 이러한 체계에 힘입어 우리 함대는 줄곧 승리의 노래와 함께 북극까지 도달할 것이다.

191

첫 항해가 성공했다!

얼음을 뚫고 온 함정들의 수리를 맡긴 뒤, 우리는 다음 여정에 오를 것이다.

다음에는 배가 아니라 비행기에 오를 것이다.

'이중톈 중국사'의 탄생

'학술계의 슈퍼맨'이라 불리는, 중국의 대표적인 사학자 이중톈은 지난해에 의외로 조용했다. 2000년 이후 『이중톈, 중국인을 말하다』 『품인록』 『제국의 슬픔』 등 대중적 역사 에세이집 출간과 신문 칼럼으로 독자층을 점차 넓혀가던 그는, 2005년 TV 교양프로그램 「백가강단百家講壇」에서 '한나라 시대의 풍운아들'을 강연하고 2006년 『삼국지 강의』를 밀리언셀러로 만듦으로써 자기 경력의 정점을 찍었다. 이후에도 그의 저서는 지속적으로 출간되었고, 2011년에는 무려 16권에 달하는 '이중톈문집'으로 한꺼번에 묶였다. 모두 400만 자에 달하는 방대한 양이었다. 400만 자라면 우리말로 번역했을 때 500쪽이 넘는 학술서 30권에 달하는 분량이다. 올해 이중톈이 68세의 적지 않은 나이임을 감안한다면 그의 평생에 걸친 학문과 글쓰기의 총화가 집대성되었다고 할 수 있다.

그리고 2012년, 그 활발했던 이중톈은 대중의 눈앞에서 사라졌다. 칼럼도 쓰지 않고 TV 출연도 하지 않았다. 당연히 신간 발표도 없었다. 떠도는 말에 의하면 요양을 핑계 삼아 양쯔강 이남 어느 소도시에 몸을 숨기고 뭔가 새로운 책을 기획 중이라고 했다. 사람들은 그가 이번에는 또 어떤 주제의 책을 선보일지 궁금해했다. 그가 장기로 삼아온 중국 고전과 역사에 대한 해설서일지, 아니면 학자 인생 초기에 그의 전공이었던 중국 미학 관련 저서일지, 그것도 아니면 현대문명 비평서나 동서 문화 비교론서일지 의견이 분분했다. 그러던 어느 날, 정확히 말하면 2013년 5월 이중톈은 모두의 예상을 깨뜨리는 어마어마한 프로젝트를 갖고 대중 앞에 나타났다. 그의 손에 들린 원고의 이름은 '이중톈 중국사易中天中華史'였다.

이중톈은 자신의 SNS를 통해 설명하길, "2012년 3월 '이중톈 중국사' 프로젝트가 개시되었고 기획과 준비 기간만 1년이 걸렸다. 이 기간에 나는 대외적으로 '휴가 형식의 치료'를 한다고 선포하고 실제로는 이 책을 집필하는 일에 매달렸다. 이 책의 출판은 '5개년 계획'이다. 우리 구상은 2013년 5월부터 분기별로 2권씩 독자들 앞에 선보여, 2018년에 36권을 완간하는 것이다. (…) '이중톈 중국사'는 6부로 나뉘며 각 부는 6권으로 이뤄진다. 제1부 '중화의 뿌리'는 진나라 이전 시대를, 제6부 '대변혁'은 근현대를 다룬다. 다시 말해 여와의 신화, 전설 시대부터 덩샤오핑 시대까지 중국사 전체를 망라할 것이다" **194**

라고 했다.

'이중톈 중국사'의 각 권은 분량이 아주 적다. 일반 학술서의 4분의 1밖에 되지 않는다. 이것은 이중톈 글쓰기의 전략인 동시에 이 책의 출판 담당자이자 중국 출판계 최고의 기획자인 루진보路金波의 '꼼수' 일 것이다. 하지만 그렇더라도 분기별 2권, 매년 8권의 속도로 5년 동안 혼자 힘으로 36권의 역사 시리즈물을 집필한다는 것은 익히 들어본 적이 없는 일이다. 더구나 이중톈의 전공 분야는 위진魏晋 시대 이전의 역사다. 위진 시대까지는 어떻게든 자신의 과거 학술 연구를 참고하고 고쳐 쓰면서 시간을 벌 수 있겠지만 그 뒤의 역사를 기술하려면 원전부터 연구 논문까지 새로 접하고 파고들어야 할 자료가 산더미일 것이다. 그리고 제6부를 덩샤오핑 시대로 잡았는데, 최근 역사에 대한 평가에 민감한 중국 공산당의 경직된 태도를 감안할 때 원활한 기술이 가능할지 의문이다. 그래서일까. 최근 이중톈은 '5개년 계획'을 '5~8개년 계획'으로, '여와에서 덩샤오핑까지'를 '여와에서 민국民國 시대(1911년 신해혁명부터 1949년 중화인민공화국 수립 이전)까지'로 수정했다. 그리고 지금 '이중톈 중국사'는 제1권 『선조祖先』, 제2권 『국가國家』, 제3권 『개척자奠基者』, 제4권 『청춘지靑春誌』까지 출간되었고, 제5권 『춘추전국시대春秋戰國時代』와 제6권 『백가쟁명百家爭鳴』이 곧 나올 예정이다. 실로 엄청난 속도다.

195 확실히 이중톈은 노익장이다. 스스로 이름도 밝히지 않는 소도시

의 집필실에 은거하며 하루 종일 구상과 집필에만 매달리고 있다고 한다. 그는 최근 자신의 생활에 관하여 말하길, "가끔씩 영감이 떠오르면 컴퓨터 자판을 치는 속도가 생각의 속도를 따라가지 못해 종이를 꺼내 미친 듯이 글씨를 휘갈긴다. 그러고 나면 나중에 내가 무슨 말을 썼는지 글씨를 못 알아볼 때도 있다. (…) 그런 흥분 상태에 이르면 밤에 잠도 오지 않아 안정제를 복용해야만 한다"고 했다. 그러나 그에게도 조력자가 없는 것은 아니다. 그가 실명을 밝히길 꺼리는 '5인의 편집위원회'가 그가 요청할 때마다 소집되어 원고를 읽고 객관적인 평가와 보완해야 할 점을 제시한다. 아마도 그 편집위원회는 저명한 학자와 편집자들로 구성되어 있을 것이다. 이중톈은 그들과 상시적으로 피드백을 주고받으면서 단독 집필이 초래할 수 있는 독선과 자의성의 위험을 피해가고 있는 것이다.

'이중톈 중국사'의 첫째 권인 『선조』를 번역하면서 나는 몇 가지 깊은 인상을 받았다. 첫째, 그의 역사 서술은 일련의 '기호 해독'과 같다. 실제로 그는 "여와와 덩샤오핑은 일종의 기호다. 여와는 원시시대를, 덩샤오핑은 개혁개방을 대표한다. 즉 여와부터 덩샤오핑까지 쓴다는 것은 사실 원시시대부터 개혁개방 시대까지 쓰는 것을 의미한다"고 했다. 『선조』에 등장하는 주요 기호는 여와, 복희, 황제, 치우, 요, 순 등 중국의 신화와 전설 시대를 대표하는 제왕 혹은 문화영웅들이다. 이중톈은 그들을 실존 인물이나 상상의 산물로 보지 않고 그들이 속한 시대와 문화를 상징하는 기호로 간주하여 그들의 이름, 이미지, 이야기에 담긴 함의를 추리한다. 그럼으로써 그 시대와 문화의 진상을 온전히 펼쳐 보인다.

둘째, 그가 쓰는 역사는 통사이되 통사가 아니다. 그의 말을 빌리면 '카레즈' 형식의 역사다. 카레즈란 척박한 땅을 일구고 사는 사막지대 사람들의 독특한 관개 수로를 말한다. 산비탈에서부터 밭까지 일정한 간격으로 우물을 파고, 동시에 우물 밑을 서로 연결하는 식으로 물길을 만든다. 이중톈의 역사 서술이 이와 똑같다. 한 시대의 특성을 보여주는 소재를 택해 집중적으로 이야기한 뒤, 그다음 시대로 넘어가 또 다른 이야깃거리를 찾는다. 결코 시시콜콜하게 시대의 전모를 보여주려 하지 않는 것이다. 그러나 독자들은 이야기에서 이야기로 시선을 옮기는 와중에 서로 분리된 듯한 그 이야기들이 사실은 의미의 흐름으로 긴밀하게 연결되어 있음을 깨닫는다. 이를 가리켜 이중톈은 '통하지 않는 통사'라고 말했다.

마지막으로, 이중톈의 역사 서술은 내용은 의미심장하되 문체는 재기가 넘친다. 유머와 현장감이 가득한 그의 문체를 보고 있노라면 마치 내 앞의 강단에서 그가 손을 휘젓고 침을 튀기며 역설하고 있는 듯하다. 사실 이 점에 대해 중국에서는 이미 찬반 양론이 분분했다. 누구는 새롭다고 하고 누구는 속되다고 했다. 이와 관련해 이중톈은 "나는 내용은 학술적이되 서술은 발랄하게 유지할 것이다. 물론

학자로서 최소한의 학문적 도덕은 지켜야 하며 객관적이고 공정해야 한다. 하지만 쉽고 발랄한 것이 학술적 엄숙함과 모순을 이루지는 않는다. 엄숙함은 태도이고 발랄함은 표정이다"라고 분명한 입장을 밝혔다. 사실 나로서도 이 책을 옮기는 과정에서 '이런 문체는 지나치게 파격이 아닐까' 하고 고개를 설레설레 저은 곳이 여러 군데 있다. 기존 통사를 보며 형성된 내 기대 지평에 이중톈의 중국사는 전혀 부합되지 않았다. 어쩌면 에세이로 쓰인 통사라고 말할 수 있을지 모르겠다. 이중톈 자신은 서사시적 통사라고 표현했다.

나는 중국사 전공자도 아니면서 이 장대한 시리즈의 번역을 맡게 되었다. 역사 지식의 부족으로 인해 혹시 빚어질지 모를 오류를 피하고자 상당히 조심스러운 행보로 작업을 해나가고 있다. 외국인, 특히 중국과 역사·문화적 접촉면이 넓은 한국인으로서 그의 역사관을 관찰하며 꽤 의미심장한 문제의식을 느끼곤 한다. 하지만 이 지면에서 이 모든 것을 밝히지는 않으련다. 왜냐고? 『이중톈 중국사』 시리즈는 모두 36권이기 때문이다.

2013년 11월
옮긴이

이중텐 중국사
\01\

선조

| 1판 1쇄 | 2013년 11월 25일 |
| 1판 3쇄 | 2021년 9월 7일 |

지은이	이중텐
옮긴이	김택규
펴낸이	강성민
기획	김택규
마케팅	정민호 김도윤 방선영
홍보	김희숙 함유지 김현지 이소정 이미희 박지원

펴낸곳	(주)글항아리	출판등록 2009년 1월 19일 제406-2009-000002호
주소	10881 경기도 파주시 회동길 210
전자우편	bookpot@hanmail.net
전화번호	031-955-2682(편집부) 031-955-2696(마케팅)
팩스	031-955-2557

ISBN   978-89-6735-080-2   03900

잘못된 책은 구입하신 서점에서 교환해드립니다.
기타 교환 문의 031-955-2661, 3580

geulhangari.com